다락원 일본어 마스터 １

일본어 마스터를 위한 나침반

다락원 일본어 마스터 ❶

지은이 박민영, 최충희, 김유천, 사카구치 사야카, 세라쿠 토오루
펴낸이 정규도
펴낸곳 (주)다락원

초판 1쇄 발행 2017년 11월 10일
초판 7쇄 발행 2025년 1월 3일

책임편집 송화록, 한누리, 손명숙
디자인 정현석, 이승현
일러스트 김희선, 야하타 에미코, 이예숙
사진 제공 셔터스톡

다락원 경기도 파주시 문발로 211
내용문의: (02)736-2031 내선 460~465
구입문의: (02)736-2031 내선 250~252
Fax: (02)732-2037
출판등록 1977년 9월 16일 제406-2008-000007호

Copyright ⓒ 2017, 박민영, 최충희, 김유천, 사카구치 사야카, 세라쿠 토오루

저자 및 출판사의 허락 없이 이 책의 일부 또는 전부를 무단 복제·전재·발췌할 수 없습니다. 구입 후 철회는 회사 내규에 부합하는 경우에 가능하므로 구입문의처에 문의하시기 바랍니다. 분실·파손 등에 따른 소비자 피해에 대해서는 공정거래위원회에서 고시한 소비자 분쟁 해결 기준에 따라 보상 가능합니다. 잘못된 책은 바꿔 드립니다.

ISBN 978-89-277-1160-5 18730
      978-89-277-1159-9(set)

http://www.darakwon.co.kr

- 다락원 홈페이지를 방문하시면 상세한 출판 정보와 함께 동영상강좌, MP3 자료 등 다양한 어학 정보를 얻으실 수 있습니다.
- 다락원 홈페이지 또는 표지의 QR코드를 스캔하시면 MP3 파일 및 관련자료를 다운로드 하실 수 있습니다.

박민영, 최충희, 김유천, 사카구치 사야카, 세라쿠 토오루 공저

머리말

일본에서 나온 책 중에 『舟を編む(배를 엮다)』라는 소설이 있습니다. 애니메이션과 영화로도 만들어진 이 작품은 『大渡海』라는 일본어 대국어사전을 만드는 편집부의 애환을 그린 내용으로, 「辞書は言葉という大海原を航海するための船である(사전은 언어라는 망망대해를 항해하기 위한 배이다)」라고 하며 '사전'을 만드는 작업을 '배'를 엮는 과정에 비유하고 있습니다. 다시 말해서 '사전'이라는 배가 없으면 우리는 바다를 건널 수단이 없는 셈입니다.

그럼 일본어 교재란 무엇일까요?

일본어 교재는 망망대해를 건너기 위한 배뿐만 아니라 길을 알려주는 나침반도 되어, 여러분이 무사히 항해를 마칠 수 있도록 도와 주는 최상의 수단이라고 생각합니다.

세상에는 바다를 건널 수 있는 배가 참 많이 있습니다. 그러나 믿고 편안하게 항해할 수 있는 튼튼한 배인지, 가야할 길을 제대로 알려주는 정확한 나침반이 있는지 꼼꼼히 살펴보아야 한다고 생각합니다. 본 교재가 일본어 실력 향상으로 가는 가장 좋은 항로가 되기를, 또한 여러분의 항해가 즐겁고 편안하기를 기대해 봅니다.

저자 대표 **박민영**

이 책의 구성과 특징

기초 일본어부터 단계별로 차근차근 마스터!
듣기, 말하기, 읽기, 쓰기 능력을 한꺼번에 마스터!
일본어 어학 연수라는 상황에서 배우는 실전 일본어 마스터!

학습목표
학습목표와 사진으로 실제 상황을 제시하여 이 과에서 배울 내용에 대한 예측 및 호기심을 유발합니다.

회화 워밍업
이 과에서 가장 핵심이 되는 표현을 듣고 따라 말함으로써 일본어에 대한 이해를 유도합니다. 또한 그림을 보고 듣고 따라 말하면서 주요 표현에 대한 선행 학습이 가능합니다.

회화 마스터
일본에서 어학 연수를 하면서 벌어지는 다양한 상황을 만화로 재미있게 구성하였습니다. 실제 상황을 통해 주요 단어와 문형에 대한 심화 학습을 합니다.
※ 회화 마스터의 음성 파일은 '느린 속도, 보통 속도, 빠른 속도' 세 가지 버전으로 들을 수 있습니다.

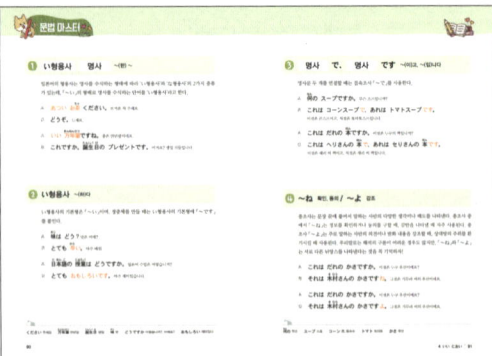

문법 마스터
문법에 관한 언어 지식을 예문과 함께 이해하기 쉽게 설명하였습니다.
『다락원 일본어 마스터 ❶』에서는 JLPT(일본어능력시험) N5 수준의 문법을 학습합니다.

단어 마스터
본문과 관련된 단어를 확장 연습합니다.

말하기 & 읽기 마스터
어휘 치환을 통한 말하기 반복 연습과 읽기를 통한 내용 확인으로 주요 표현에 대한 운용력을 향상합니다.

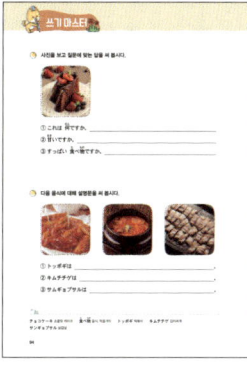

쓰기 마스터
쓰기 연습을 통해 주요 표현을 이해하고 확인 학습을 합니다.

한자 마스터
일본어 상용한자를 연습합니다.

일본 문화 즐기기
본문과 관련된 일본 문화를 소개하여 언어 지식과 문화 내용을 연계 학습합니다.

부록 : 스크립트와 모범 답안, 문법 찾아보기, 단어 찾아보기
부록에는 본문에 실리지 않은 '회화 워밍업' 해석과 스크립트, '단어 마스터', '말하기&읽기 마스터', '쓰기 마스터'의 모범 답안을 실었습니다. 또한 문법 찾아보기와 단어 찾아보기를 통해 이 책에서 배우는 문법과 단어를 어느 과에서 학습했는지 쉽게 찾아볼 수 있습니다.

일본어 마스터 학습 도우미

● **별책: 가나 쓰기 노트와 워크북**
쓰기 노트로 히라가나와 가타카나를 완벽하게 연습하고, 워크북으로 책에서 학습한 내용을 복습합니다.

● **MP3 파일**

 ▷ **스마트폰**
스마트폰으로 QR코드를 스캔하면 다락원 홈페이지의 본책 페이지로 바로 이동합니다. 'MP3 듣기' 버튼을 클릭합니다. 모바일로 접속하면 회원 가입과 로그인 절차 없이 바로 MP3 파일을 듣거나 다운로드 받을 수 있습니다.

▷ **PC**
다락원 홈페이지(www.darakwon.co.kr)에 접속하여 검색창에 '다락원 일본어 마스터 1'을 검색하면 자료실에서 MP3 파일을 듣거나 다운로드 받을 수 있습니다. 간단한 회원 가입 절차가 필요합니다.

목차

머리말
이 책의 구성과 특징
주요 등장인물

일본어 문자와 발음   11

---

1   はじめまして   49

❶ 자기소개 표현   ❷ 조사「〜は」의 용법
❸ 명사문「〜は 〜です」   ❹ 종조사「〜か」의 용법
❺ 의문사「どこ」・「何」   ❻ 인칭대명사

---

2   何時からですか   61

❶ 명사의 명사 수식「〜の 〜」   ❷ 조사「〜から」의 용법
❸ 조사「〜まで」의 용법   ❹ 숫자 세기 ①(0〜99)
❺ 시간

---

3   これ、どうぞ   73

❶ 지시대명사「これ・それ・あれ・どれ」
❷ 명사의 부정「〜は 〜では(じゃ) ありません」
❸「どうぞ」의 용법

---

4   いい におい   85

❶ い형용사   ❷ い형용사의 명사 수식「〜い 〜」
❸ 명사의 중지형「〜で、〜」   ❹ 종조사「〜ね」・「〜よ」의 용법

---

5   この 自転車は どうですか   97

❶ 지시연체사「この・その・あの・どの」
❷ 조사「〜が」의 용법 ①
❸ 조사「〜も」의 용법
❹ い형용사의 부정「〜く ありません / 〜く ないです」

6 一つ ください　　　　　　　　　　　　　　　　　　　109

① 조사 「~で」의 용법　　　　② 조사 「~と」의 용법
③ 개수 세기(하나~열)　　　　④ 숫자 세기 ② (백~만)

7 引っ越し、大変ですね　　　　　　　　　　　　　121

① な형용사의 활용: 명사 수식, 정중체, 정중체의 부정
② 조사 「~が」의 용법 ②　　　③ 조사 「~に」의 용법
④ 조사 「~から」의 용법

8 わあ、広くて きれい！　　　　　　　　　　　　133

① い형용사의 중지형 「~くて」　　② な형용사의 중지형 「~で」
③ 조사 「~で」의 용법　　　　　　④ 접속 조사 「~が」의 용법
⑤ 방향 「こちら・そちら・あちら・どちら」

9 日本語が 難しくて 大変でした　　　　　　　　145

① 명사의 과거·과거부정 「~でした・~では ありませんでした」
② な형용사의 과거·과거부정 「~でした・~では ありませんでした」
③ 원인·이유를 나타내는 い형용사와 な형용사의 중지형 「~くて・~で」
④ 달력 읽기

10 ビールも 料理も おいしかったです　　　　　157

① い형용사의 과거 「~かったです」
② い형용사의 과거부정 「~く ありませんでした」
③ 요일 읽기

부록　　　　　　　　　　　　　　　　　　　　　　169

스크립트 및 모범 답안
문법 찾아보기
단어 찾아보기

주요 등장인물

해리와 새리는 일본으로 1년 동안 어학 연수를 떠났습니다. 일본에서 생활하는 사촌 오빠 김민수의 도움을 받아 본격적인 수업이 시작되기 전 일본 생활을 준비합니다.

김해리(キム・ヘリ)

쌍둥이 언니.
한국대학 국어국문학과 2학년.
차분한 성격.

김새리(キム・セリ)

쌍둥이 여동생.
한국대학 경제학과 2학년.
활발하고 적극적인 성격.

김민수(キム・ミンス)

해리와 새리의 사촌 오빠.
대학 졸업 후 일본 관광회사에 취직하여
회사 동료인 야마다 아이와 결혼.
현재 도쿄 거주.

야마다 아이(山田 愛)

사촌 오빠 김민수의 부인.

와타나베 켄타(渡辺 健太)

해리와 새리의 튜터.

사토 히로시(佐藤 弘)

유학생 일본어 교육 센터 선생님.

일본어 문자와 발음

1. 일본어
2. 히라가나
3. 가타카나
4. 탁음
5. 반탁음
6. 요음
7. 촉음
8. 장음
9. 발음
10. 한자

1. 일본어

🟢 현대 일본어에서는 주로 다음과 같은 세 가지의 문자 체계를 사용하여 혼용해서 표기한다.

- **히라가나**(ひらがな) : 한자의 초서체에서 유래한 표음문자이다.
- **가타카나**(カタカナ) : 한자의 일부를 생략 표기해서 만들어진 표음문자이다.
- **한자**(漢字) : 중국에서 온 표기로, 일본에서 만들어진 일본식 한자어도 포함된다.

▲ 「신비한 동물사전」 영화 전단지

▲ 「브루크린의 멋진 주말」 영화 전단지

◀ 「스포트라이트」 영화 전단지

2. 히라가나(ひらがな)

- 히라가나는 한 음절이 한 글자로 된 음절문자이다.
  히라가나는 서기 900년경 일본의 헤이안 시대(平安時代, 794~1192)에 한자를 흘려 쓰는 초서체에서 만들어졌다.

	あ단	い단	う단	え단	お단
あ행	あ	い	う	え	お
か행	か	き	く	け	こ
さ행	さ	し	す	せ	そ
た행	た	ち	つ	て	と
な행	な	に	ぬ	ね	の
は행	は	ひ	ふ	へ	ほ
ま행	ま	み	む	め	も
や행	や		ゆ		よ
ら행	ら	り	る	れ	ろ
わ행	わ				を

| ん |

🟢 소리 내어 읽으면서 필순을 따라 써 봅시다.

あ행 02~03

あ	い	う	え	お
a	i	u	e	o
あ あ	い い	う う	え え	お お

か행 04~05

か	き	く	け	こ
ka	ki	ku	ke	ko
か か	き き	く く	け け	こ こ

あい 사랑	いえ 집	うえ 위	あおい 파랗다
あ | い	い | え	う | え	あ | お | い

かお 얼굴	きく 국화	いけ 연못	こえ 목소리
か | お	き | く	い | け	こ | え

○ 소리 내어 읽으면서 필순을 따라 써 봅시다.

さ행 06~07

さ	し	す	せ	そ
sa	shi	su	se	so
さ　さ	し　し	す　す	せ　せ	そ　そ

た행 08~09

た	ち	つ	て	と
ta	chi	tsu	te	to
た　た	ち　ち	つ　つ	て　て	と　と

か**さ** 우산	**す**し 초밥	**せ**かい 세계	う**そ** 거짓말
か さ	す し	せ か い	う そ

TIP 고타쓰(こたつ)는 일본의 난방기구의 하나로서 발열 장치가 있는 탁상 위에 이불이나 담요를 덮고 발이나 하반신을 넣어 따뜻하게 한다.

こ**た**つ 고타쓰	**ち**ち 아빠, 아버지	**て** 손	お**と**こ 남자
こ た つ	ち ち	て	お と こ

일본어 문자와 발음 | 17

🟢 소리 내어 읽으면서 필순을 따라 써 봅시다.

な행 🎧 10~11

な	に	ぬ	ね	の
na	ni	nu	ne	no
な　な	に　に	ぬ　ぬ	ね　ね	の　の

は행 🎧 12~13

は	ひ	ふ	へ	ほ
ha	hi	fu	he	ho
は　は	ひ　ひ	ふ　ふ	へ　へ	ほ　ほ

なに 무엇	いぬ 개	ねこ 고양이	おの 도끼
な に	い ぬ	ね こ	お の

はは 엄마, 어머니	ひふ 피부	へそ 배꼽	ほし 별
は は	ひ ふ	へ そ	ほ し

○ 소리 내어 읽으면서 필순을 따라 써 봅시다.

ま행 14~15

ま	み	む	め	も
ma	mi	mu	me	mo
ま　ま	み　み	む　む	め　め	も　も

や행 16~17

や	ゆ	よ
ya	yu	yo
や　や	ゆ　ゆ	よ　よ

まめ 콩	みみ 귀	むね 가슴	もも 복숭아
ま　め	み　み	む　ね	も　も

やま 산	ゆき 눈	へや 방	ひよこ 병아리
や　ま	ゆ　き	へ　や	ひ　よ　こ

🟢 소리 내어 읽으면서 필순을 따라 써 봅시다.

ら행 🎧 18~19

ら	り	る	れ	ろ
ra	ri	ru	re	ro
ら　ら	り　り	る　る	れ　れ	ろ　ろ

わ행・ん 🎧 20~21

わ	を	ん
wa	o	n
わ　わ	を　を	ん　ん

さら 그릇	りれき 이력	よる 밤	きいろ 노란색
さ ら	り れ き	よ る	き い ろ

TIP わ행의 を는 단어에는 안 쓰이고 '〜을/를'을 나타내는 조사로만 쓰인다.

かわ 강	わたし 나, 저	ほんを よむ 책을 읽다
か わ	わ た し	ほ ん を よ む

모양이 비슷한 히라가나

あ お	い り
え ふ	し も
た な	は ほ
ぬ め	る ろ
き さ ち	つ う ら
ね れ わ	

3. 가타카나(カタカナ)

🟢 가타가나도 일본어의 표기에 사용되는 문자 체계 중 하나이며, 한 음절이 한 글자로 된 음절 문자이다.

가타가나 역시 한자에서 유래되었다. 「エ」는 「江」의 오른쪽 부분, 「カ」는 「加」의 왼쪽 부분과 같이 한자의 일부분을 따서 간략하게 만들어진 문자이다.

가타가나는 주로 외국의 인명이나 지명 등의 외래어를 표기할 때 사용된다.

	ア단	イ단	ウ단	エ단	オ단
ア행	ア	イ	ウ	エ	オ
カ행	カ	キ	ク	ケ	コ
サ행	サ	シ	ス	セ	ソ
タ행	タ	チ	ツ	テ	ト
ナ행	ナ	ニ	ヌ	ネ	ノ
ハ행	ハ	ヒ	フ	ヘ	ホ
マ행	マ	ミ	ム	メ	モ
ヤ행	ヤ		ユ		ヨ
ラ행	ラ	リ	ル	レ	ロ
ワ행	ワ				ヲ
	ン				

○ 소리 내어 읽으면서 필순을 따라 써 봅시다.

ア행 22~23

ア	イ	ウ	エ	オ
a	i	u	e	o
ア　ア	イ　イ	ウ　ウ	エ　エ	オ　オ

カ행 24~25

カ	キ	ク	ケ	コ
ka	ki	ku	ke	ko
カ　カ	キ　キ	ク　ク	ケ　ケ	コ　コ

| TIP | 「ー」는 장음 표기이다. |

アイス 아이스크림	イエス 예스(YES)	オランウータン 오랑우탄
ア イ ス	イ エ ス	オ ラ ン ウ ー タ ン

カラー 색깔, 컬러	ケーキ 케이크	インク 잉크	エアコン 에어컨
カ ラ ー	ケ ー キ	イ ン ク	エ ア コ ン

● 소리 내어 읽으면서 필순을 따라 써 봅시다.

サ행 26〜27

サ	シ	ス	セ	ソ
sa	**shi**	**su**	**se**	**so**
サ サ	シ シ	ス ス	セ セ	ソ ソ

タ행 28〜29

タ	チ	ツ	テ	ト
ta	**chi**	**tsu**	**te**	**to**
タ タ	チ チ	ツ ツ	テ テ	ト ト

アクセサリー 액세서리	**シーソー** 시소	**ソース** 소스
ア ク セ サ リ ー	シ ー ソ ー	ソ ー ス

チーター 치타	**ツアー** 여행, 투어	**テント** 텐트
チ ー タ ー	ツ ア ー	テ ン ト

● 소리 내어 읽으면서 필순을 따라 써 봅시다.

ナ행 🎧 30~31

ナ	ニ	ヌ	ネ	ノ
na	ni	nu	ne	no
ナ　ナ	ニ　ニ	ヌ　ヌ	ネ　ネ	ノ　ノ

ハ행 🎧 32~33

ハ	ヒ	フ	ヘ	ホ
ha	hi	fu	he	ho
ハ　ハ	ヒ　ヒ	フ　フ	ヘ　ヘ	ホ　ホ

🟢 소리 내어 읽으면서 필순을 따라 써 봅시다.

マ행 🎧 34~35

マ	ミ	ム	メ	モ
ma	mi	mu	me	mo
マ マ	ミ ミ	ム ム	メ メ	モ モ

ヤ행 🎧 36~37

ヤ	ユ	ヨ
ya	yu	yo
ヤ ヤ	ユ ユ	ヨ ヨ

マイク 마이크	ミキサー 믹서기	キムチ 김치	メモ 메모
マ イ ク	ミ キ サ ー	キ ム チ	メ モ

タイヤ 타이어	ユニホーム 유니폼	ヨット 요트
タ イ ヤ	ユ ニ ホ ー ム	ヨ ッ ト

🟢 소리 내어 읽으면서 필순을 따라 써 봅시다.

ラ행 🎧 38~39

ラ	リ	ル	レ	ロ
ra	ri	ru	re	ro
ラ　ラ	リ　リ	ル　ル	レ　レ	ロ　ロ

ワ행・ン 🎧 40~41

ワ	ヲ	ン
wa	o	n
ワ　ワ	ヲ　ヲ	ン　ン

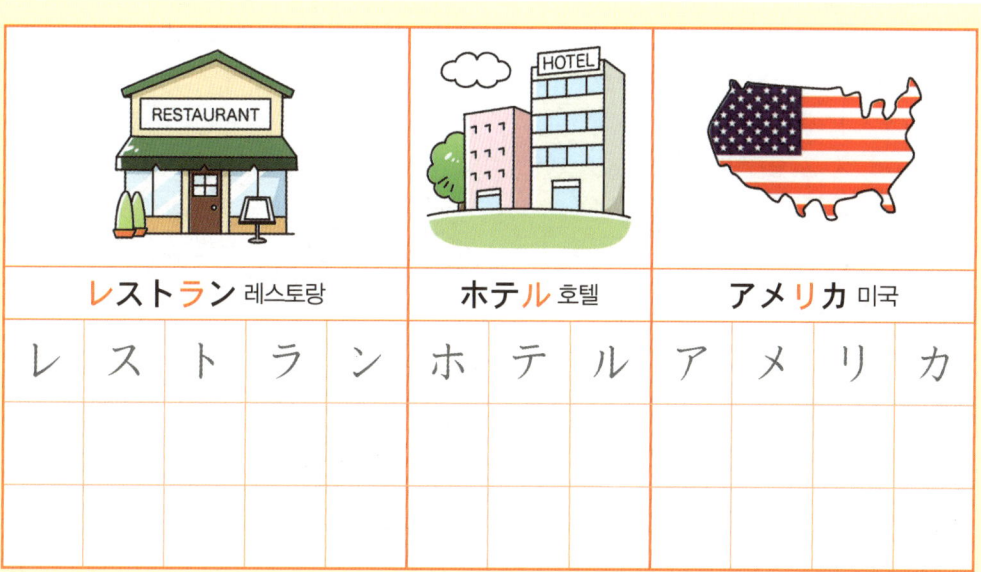

レストラン 레스토랑	ホテル 호텔	アメリカ 미국
レ ス ト ラ ン	ホ テ ル	ア メ リ カ

> **TIP** ヲ(を)는 목적어 '~을/를'을 나타내는 조사로만 쓰이는데 현대어에서는 거의 사용되지 않는다.

ワイン 와인	メロン 멜론
ワ イ ン	メ ロ ン

● 모양이 비슷한 가타카나

ア マ	オ ナ
シ ツ	ソ ン
チ テ	ヤ マ
ウ ク タ	コ ユ ヨ
フ ヌ ス	フ ワ ヲ

🟢 학습한 히라가나와 가타카나로 빈칸을 채워 봅시다.

	あ단	い단	う단	え단	お단
あ행	あ		う		
か행					こ
さ행		し	す		そ
た행			つ	て	
な행		に			の
は행	は			へ	
ま행		み			も
や행	や				
ら행		り		れ	
わ행					を

ん

	ア단	イ단	ウ단	エ단	オ단
ア행		イ	ウ		
カ행	カ		ク		コ
サ행				セ	
タ행	タ	チ			ト
ナ행					ノ
ハ행	ハ		フ	ヘ	
マ행		ミ		メ	
ヤ행	ヤ				
ラ행		リ	ル		ロ
ワ행	ワ				

ン

4. 탁음(濁音)
   だくおん

🟢 탁음은 「か・さ・た・は」행에 「゛」을 붙여 표기한다.
　　탁음이 붙으면 유성음이 된다.
　　현대어에서 탁음이 붙은 「じ(ジ)」와 「ぢ(ヂ)」, 「ず(ズ)」와 「づ(ヅ)」는 각각 발음이 같다.

🟢 소리 내어 읽으면서 필순을 따라 써 봅시다. 42~45

が	が	ぎ	ぎ	ぐ	ぐ	げ	げ	ご	ご
ガ	ガ	ギ	ギ	グ	グ	ゲ	ゲ	ゴ	ゴ
ざ	ざ	じ	じ	ず	ず	ぜ	ぜ	ぞ	ぞ
ザ	ザ	ジ	ジ	ズ	ズ	ゼ	ゼ	ゾ	ゾ
だ	だ	ぢ	ぢ	づ	づ	で	で	ど	ど
ダ	ダ	ヂ	ヂ	ヅ	ヅ	デ	デ	ド	ド
ば	ば	び	び	ぶ	ぶ	べ	べ	ぼ	ぼ
バ	バ	ビ	ビ	ブ	ブ	ベ	ベ	ボ	ボ

この たんご、
おいしい！
이 단어(?), 맛있어!

たんご
단어

だんご
경단, 떡

か**き**
감

か**ぎ**
열쇠

てんき
날씨

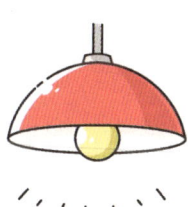
でんき
전기

ふた
뚜껑

ぶた
돼지

5. 반탁음(半濁音) はんだくおん

🟢 반탁음은 「は」행에 「゜」을 붙여 표기한다.
　반탁음이 붙으면 [p]에 가까운 음이 된다.

🟢 소리 내어 읽으면서 필순을 따라 써 봅시다. 🎧47

ぱ	ぱ	ぴ	ぴ	ぷ	ぷ	ぺ	ぺ	ぽ	ぽ
パ	パ	ピ	ピ	プ	プ	ペ	ペ	ポ	ポ

日本語、へらへらですね。
일본어 실실(?)거려요.

へらへら
실실 실없이 웃는 모양

ぺらぺら
외국어가 능숙한 모양

さんぶ
3부, 세 부

さんぷ
임산부

ふろ
목욕

プロ
프로

ヘア
머리카락

ペア
한 쌍

6. 요음(拗音)

🟢 요음은 「い단」의 글자에 작은 「ゃ(ャ), ゅ(ュ), ょ(ョ)」를 붙여서 표기한다.
요음은 「い단」과 합쳐서 1박을 형성한다.

🟢 소리 내어 읽어 봅시다. 🎧49

や			ゆ			よ		
きゃ	キャ	kya	きゅ	キュ	kyu	きょ	キョ	kyo
ぎゃ	ギャ	gya	ぎゅ	ギュ	gyu	ぎょ	ギョ	gyo
しゃ	シャ	sya	しゅ	シュ	syu	しょ	ショ	syo
じゃ	ジャ	ja	じゅ	ジュ	ju	じょ	ジョ	jo
ちゃ	チャ	cha	ちゅ	チュ	chu	ちょ	チョ	cho
ぢゃ	ヂャ	ja	ぢゅ	ヂュ	ju	ぢょ	ヂョ	jo
にゃ	ニャ	nya	にゅ	ニュ	nyu	にょ	ニョ	nyo
ひゃ	ヒャ	hya	ひゅ	ヒュ	hyu	ひょ	ヒョ	hyo
びゃ	ビャ	bya	びゅ	ビュ	byu	びょ	ビョ	byo
ぴゃ	ピャ	pya	ぴゅ	ピュ	pyu	ぴょ	ピョ	pyo
みゃ	ミャ	mya	みゅ	ミュ	myu	みょ	ミョ	myo
りゃ	リャ	rya	りゅ	リュ	ryu	りょ	リョ	ryo

びょういん
미용실

びょういん
병원

きやく
규약

きゃく
손님

ひよう
비용

ひょう
표

りゆう
이유

りゅう
용

7. 촉음(促音)

- 촉음은 작은 「っ(ッ)」로 표기된다.
  촉음 뒤에는 반드시 「か행, さ행, た행, ぱ행」이 오는데, 뒤에 오는 글자의 영향을 받아 뒷글자의 자음으로 발음된다.
  촉음은 작게 표기되어도 1박을 형성한다.

これ、スパイですね。
이거 스파이(?)네요.

スパイ
스파이

すっぱい
시다

おと
소리

おっと
남편

せたい
세대, 가구

せったい
접대

まち
동네, 도시

マッチ
성냥

8. 장음(長音)

장음은 모음의 발음이 2박으로 길어지는 것이다.
장음은 주로 같은 모음이 이어질 때 나타난다.
あ열에는 「あ」, い열에는 「い」, う열에는 「う」, え열에는 「え」나 「い」, お열에는 「お」나 「う」를 붙인다.
가타카나(외래어)의 경우는 「ー」로 표기한다.

ビル
빌딩

ビール
맥주

お**ば**さん
아주머니

お**ばあ**さん
할머니

お**じ**さん
아저씨

お**じい**さん
할아버지

ここ
여기

こうこう
고등학교

9. 발음(撥音)

🟢 발음은 「ん」으로 표기된다.
발음은 코를 통해 발음하는 비음이기 때문에 뒤에 오는 자음의 영향을 받아 소리가 달라진다.
발음도 1박을 형성한다.

ん・ン	뒤에 오는 자음이 양순음 [p, m, b]인 경우	[m]	あんまく [ammaku] 암막
	뒤에 오는 자음이 치경음 [n, d, t, ts, d, dz]인 경우	[n]	あんない [annai] 안내
	뒤에 오는 자음이 연구개음 [k, g]인 경우	[ŋ]	あんき [aŋki] 암기
	단어나 문장 끝에 오는 경우	[N]	あん [aN] 팥소

10. 한자(漢字)

🟢 일본어의 한자는 일본어를 표기하는 중요한 문자 중 하나이다.
일본에서는 약자체를 사용하는 경우가 많다.
일본어 한자를 읽는 법에는 '훈독(訓読)'과 '음독(音読)'이 있다.
일반적으로 한자가 단독으로 나올 때는 훈독으로 읽고 한자가 두 자 이상일 때는 음독을 한다.

훈독	음독
人(ひと) 사람	人口(じんこう) 인구
水(みず) 물	水道(すいどう) 수도

🟢 일본어 한자 읽기에는 두 자 이상의 한자어 전체를 훈독하는 '숙자음(熟字音)'도 있다.

昨日(きのう) 어제
今日(きょう) 오늘
明日(あす) 내일

🟢 일본어 한자 중에는 일본에서 만들어진 '일본제 한자'도 있다.

畑(はたけ) 밭
働(はたら)く 일하다

🟢 일본어 한자 중에는 읽는 법에 따라서 의미가 달라지는 경우도 있다.

額(ひたい) 이마 — 額(がく) 액자
大家(おおや) 집주인 — 大家(たいか) 대가, 거장

1

はじめまして

학습목표

1_ 자기소개 표현
2_ 조사「〜は」의 용법
3_ 명사문「〜は 〜です」
4_ 종조사「〜か」의 용법
5_ 의문사「どこ」・「何(なん)」
6_ 인칭대명사

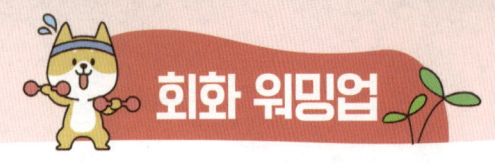

🟡 그림을 보면서 잘 듣고 말해 봅시다. 🎧54

はじめまして 처음 뵙겠습니다　～です ~입니다　よろしく 잘　お願(ねが)いします 부탁합니다

🌕 **잘 듣고 다음과 같이 말해 봅시다.** 🎧 55~56

1 A お<ruby>名前<rt>な まえ</rt></ruby>は？ 성함은요?

　　B _____ です。 _____ 입니다.

2 A <ruby>出身<rt>しゅっしん</rt></ruby>は どこですか。 어디 출신이세요?

　　B _____ です。 _____ 입니다.

お<ruby>名前<rt>な まえ</rt></ruby> 성함　～は ～은/는　<ruby>出身<rt>しゅっしん</rt></ruby> 출신, 고향　どこ 어디　～ですか ～입니까?　ソウル 서울　<ruby>東京<rt>とうきょう</rt></ruby> 도쿄
ニューヨーク 뉴욕

1 はじめまして | 51

회화 마스터

🌕 유학생 센터에서 면접을 보는 해리

ヘリ	はじめまして。キム・ヘリです。
	どうぞ よろしく お願(ねが)いします。
佐藤先生(さとうせんせい)	出身(しゅっしん)は どこですか。
ヘリ	ソウルです。
佐藤先生(さとうせんせい)	日本(にほん)は はじめてですか。
ヘリ	はい、はじめてです。
佐藤先生(さとうせんせい)	趣味(しゅみ)は 何(なん)ですか。
ヘリ	趣味(しゅみ)は 読書(どくしょ)です。

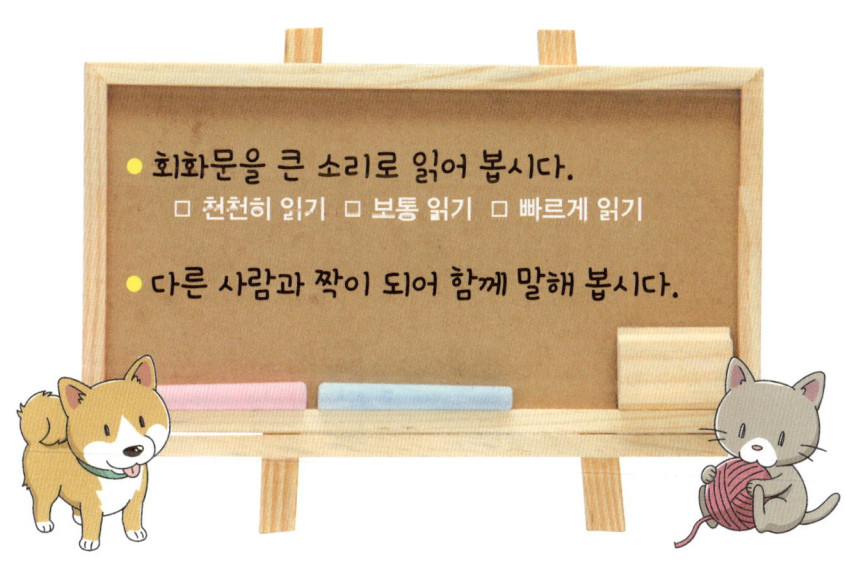

どうぞ 부디, 아무쪼록   先生(せんせい) 선생님   日本(にほん) 일본   はじめて 처음   はい 예, 네   趣味(しゅみ) 취미   何(なん・なに) 무엇   読書(どくしょ) 독서

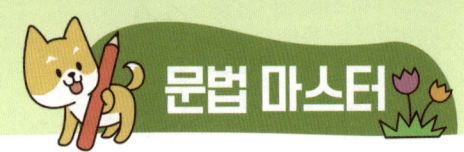
문법 마스터

① 〜は ~은/는

「〜は」는 우리말의 '~은/는'과 같이 주제를 나타낸다.

私は キム・ヘリです。 저는 김해리입니다.
キム・ヘリは 私です。 김해리는 저입니다.

② 명사 は 명사 です ~은/는 ~입니다

정중체의 명사문은 명사에 「〜です」를 접속해서 만든다.
문장을 마칠 때 마침표로 「。」이나 「.」를 사용한다.

名前は キム・ミンスです。 이름은 김민수입니다.
趣味は テニスです。 취미는 테니스입니다.

③ 〜か ~까?

의문문을 만들 때는 질문을 나타내는 「〜か」를 붙인다.
질문문에는 문장 부호로 「。」이나 「?」를 사용한다.

A あなたは キム・セリさんですか。 당신은 김새리 씨입니까?
B はい、そうです。 네, 그렇습니다.

私 나, 저   テニス 테니스   あなた 당신   〜さん ~씨   そうです 그렇습니다

④ 명사 は どこですか ~은/는 어디입니까?

「どこ(어디)」는 장소나 위치를 물을 때 사용한다.

A 出身(しゅっしん)は どこですか。 출신은 어디입니까?
B 東京(とうきょう)です。 도쿄입니다.

> **TIP** 일본어에서 「出身は どこですか」라는 질문은 출신지, 즉 고향이 어디인지를 묻는 것이다. 출신 학교를 묻는 것이 아니므로 주의하자. 학교가 어디냐고 물을 때는 「大学は どこですか(대학은 어디입니까?)」와 같은 식으로 묻는다.
>
> A 出身(しゅっしん)は どこですか。 고향이 어디에요?
> B ○ ソウルです。 서울입니다.
>   × □□ 大学(だいがく)です。 □□ 대학입니다.

⑤ 명사 は 何(なん)ですか ~은/는 무엇입니까?

A 専攻(せんこう)は 何(なん)ですか。 전공은 무엇입니까?
B 日本語(にほんご)です。 일본어입니다.

⑥ 인칭대명사

1인칭 대명사	2인칭 대명사	3인칭 대명사
私(わたし) 나, 저 私(わたくし) 저	あなた 당신	彼(かれ) 그 彼女(かのじょ) 그녀

> **TIP** 「私(わたし)」는 공적인 자리에서는 「わたくし」라고도 한다.

大学(だいがく) 대학   専攻(せんこう) 전공   日本語(にほんご) 일본어

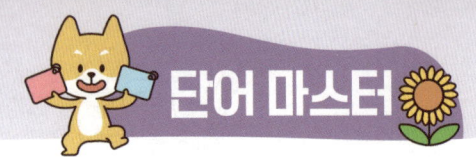

단어 마스터

🌻 취미에 관한 단어입니다. 단어를 골라 빈칸에 넣고 회화를 완성해 봅시다.

A 趣味は 何ですか。 취미는 무엇입니까?

B _____ です。 _____ 입니다.

ゲーム

旅行(りょこう)

カラオケ

写真(しゃしん)

ショッピング

サッカー

映画鑑賞(えいがかんしょう)

ヨガ

料理(りょうり)

ゲーム 게임　　旅行(りょこう) 여행　　カラオケ 노래방　　写真(しゃしん) 사진　　ショッピング 쇼핑　　サッカー 축구
映画鑑賞(えいがかんしょう) 영화 감상　　ヨガ 요가　　料理(りょうり) 요리

○ 밑줄 친 단어를 바꿔 말해 봅시다.

> はじめまして。私は キム・セリです。韓国から 来ました。ソウル
> 出身です。趣味は テニスです。どうぞ よろしく お願いします。

① キム・ミンス ｜ 韓国 ｜ プサン ｜ 料理
② 山田なな ｜ 日本 ｜ 北海道 ｜ ヨガ
③ ケビン・ブラウン ｜ アメリカ ｜ ニューヨーク ｜ 読書

○ 다음 글을 읽고 질문에 답해 봅시다.

> はじめまして。田中美咲です。
> 出身は 東京です。趣味は ショッピングです。
> どうぞ よろしく お願いします。

① 田中さんの 出身は どこですか。
　A 東京　　　B 大阪　　　C 名古屋
② 田中さんの 趣味は サッカーですか。
　A はい　　　B いいえ
③ 田中さんの 趣味は 何ですか。
　A 写真　　　B 料理　　　C ショッピング

韓国 한국　～から来ました ～에서 왔습니다　プサン 부산　北海道 홋카이도　アメリカ 미국, 아메리카
大阪 오사카　名古屋 나고야　いいえ 아니요

● 다음 프로필을 보고 자기소개글을 써 봅시다.

1 プロフィール

名前(なまえ) : 이미나(イ・ミナ)
出身(しゅっしん) : 부산(プサン)
趣味(しゅみ) : 노래방(カラオケ)

→ はじめまして。
이름 ＿＿＿＿＿＿＿＿＿＿＿＿＿＿＿＿＿＿＿＿。
출신 ＿＿＿＿＿＿＿＿＿＿＿＿＿＿＿＿＿＿＿＿。
취미 ＿＿＿＿＿＿＿＿＿＿＿＿＿＿＿＿＿＿＿＿。
どうぞ よろしく お願(ねが)いします。

2 あなたの プロフィール

名前(なまえ) : ＿＿＿＿＿＿＿＿＿＿＿＿＿＿
出身(しゅっしん) : ＿＿＿＿＿＿＿＿＿＿＿＿＿＿
趣味(しゅみ) : ＿＿＿＿＿＿＿＿＿＿＿＿＿＿

→ はじめまして。
＿＿＿＿＿＿＿＿＿＿＿＿＿＿＿＿＿＿＿＿＿＿。
＿＿＿＿＿＿＿＿＿＿＿＿＿＿＿＿＿＿＿＿＿＿。
＿＿＿＿＿＿＿＿＿＿＿＿＿＿＿＿＿＿＿＿＿＿。
どうぞ よろしく お願(ねが)いします。

한자 마스터

🟡 한자를 따라 써 봅시다.

しゅっしん 出身	出身		
しゅ み 趣味	趣味		
どく しょ 読書	読書		
な まえ 名前	名前		
かん こく 韓国	韓国		
に ほん 日本	日本		

일본 문화 즐기기

일본의 자기소개 매너

- 일본에서는 사람과 만났을 때 악수는 잘 하지 않는다. 가볍게 머리를 숙여 인사를 하는 것이 일반적인데, 이런 인사를 '오지기(お辞儀)'라고 한다.

- 자기소개를 할 때는 먼저 상대에게 가볍게 '오지기'를 하고 웃는 얼굴로 정중하게 자신에 대해 소개한다.

- 자기소개는 이름, 출신지, 소속, 취미, 특기, 관심 분야, 포부 등을 밝힌다. 일본에 간 경우 일본에 온 이유에 대해서도 말한다. 불필요하게 길어지지 않게끔 간결하게 소개하는 것이 좋다. 또한 타인에 대한 비판, 자기 주장은 삼가는 것이 좋다.

- 초면인 상대에게 개인의 사적인 일이나 사생활에 대해 질문하는 것은 금물이다. 일본에서는 예로부터 처음 만나는 사람에게 연령, 직장, 지위 이 세 가지에 대해서는 물어보는 것을 삼갔고 그 외 정치, 종교, 학력, 수입, 결혼의 유무를 화제 삼는 것도 실례이다.

2

何時からですか
なんじ

학습목표

1_ 명사의 명사 수식 「〜の 〜」
2_ 조사 「〜から」의 용법
3_ 조사 「〜まで」의 용법
4_ 숫자 세기 ① (0〜99)
5_ 시간

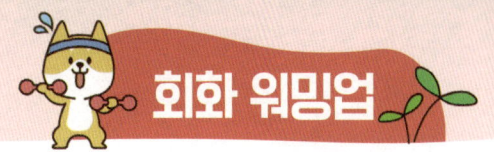

회화 워밍업

🟡 그림을 보면서 잘 듣고 말해 봅시다. 🎧61

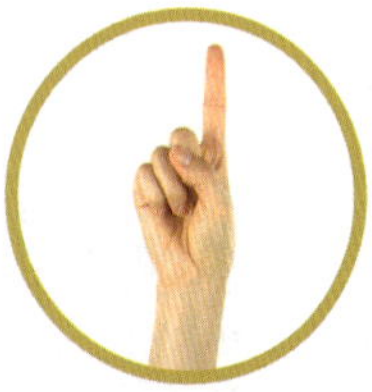

一(いち) 　　二(に) 　　三(さん)

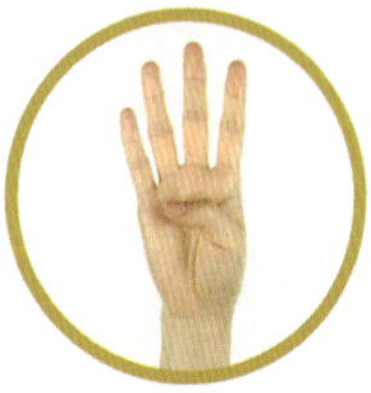

四(よん・し) 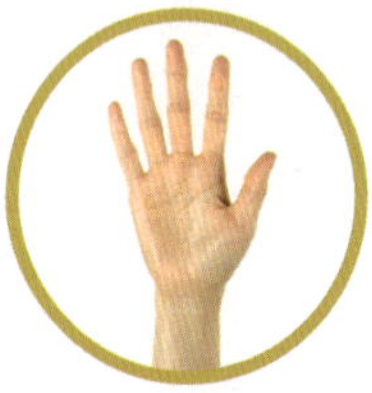　　五(ご) 　　六(ろく)

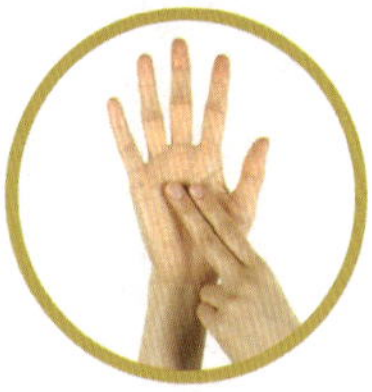

七(なな・しち) 　　八(はち) 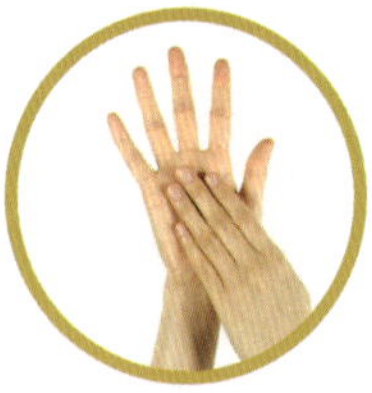　　九(きゅう・く)

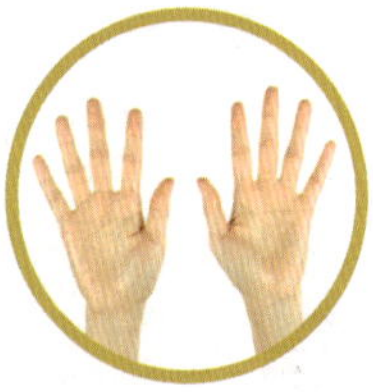

十(じゅう)

> **TIP** 숫자 읽기에서 4는「よん・し」, 7은「なな・しち」, 9는「きゅう・く」라고 읽는다.

一 1, 일　二 2, 이　三 3, 삼　四 4, 사　五 5, 오　六 6, 육　七 7, 칠　八 8, 팔　九 9, 구　十 10, 십
(いち)　(に)　(さん)　(よん・し)　(ご)　(ろく)　(なな・しち)　(はち)　(きゅう・く)　(じゅう)

🟡 잘 듣고 다음과 같이 말해 봅시다. 🎧 62~63

1　A　<ruby>電話番号<rt>でん わ ばんごう</rt></ruby>は？ 전화번호는요?

　　B　_____ です。　_____ 입니다.

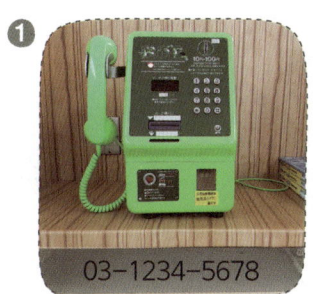

2　A　<ruby>今<rt>いま</rt></ruby> <ruby>何時<rt>なん じ</rt></ruby>ですか。 지금 몇 시입니까?

　　B　_____ <ruby>時<rt>じ</rt></ruby>です。　_____ 시입니다.

<ruby>電話番号<rt>でん わ ばんごう</rt></ruby> 전화번호　<ruby>0<rt>ゼロ</rt></ruby> 0, 제로　<ruby>の<rt>の</rt></ruby> ~의　<ruby>今<rt>いま</rt></ruby> 지금　<ruby>何時<rt>なん じ</rt></ruby> 몇 시　<ruby>3時<rt>さん じ</rt></ruby> 3시, 세 시　<ruby>9時<rt>く じ</rt></ruby> 9시, 아홉 시
<ruby>12時<rt>じゅうに じ</rt></ruby> 12시, 열두 시

회화 마스터

🟡 면담이 끝나고 안내를 받는 해리와 새리

🎧 64〜66

ヘリ	あの、すみません。私たちの クラスは…？
佐藤先生	キム・ヘリさんの クラスは A-1です。
	キム・セリさんの クラスは A-2です。
	オリエンテーションは 明日です。
セリ	何時からですか。
佐藤先生	午前 9時 30分からです。
ヘリ	何時まで ですか。
佐藤先生	11時 半までです。
ヘリ・セリ	ありがとうございます。

- 위의 회화를 큰 소리로 읽어 봅시다.
  □ 천천히 읽기　□ 보통 읽기　□ 빠르게 읽기
- 다른 사람과 짝이 되어 함께 말해 봅시다.

あの 저, 저기　　**すみません** 실례합니다, 미안합니다　　**私たち** 우리, 저희　　**〜の** 〜의　　**クラス** 반, 학급　　**オリエンテーション** 오리엔테이션　　**明日** 내일　　**午前** 오전　　**30分** 30분　　**〜から** 〜부터, 〜에서　　**〜まで** 〜까지　　**11時** 11시, 열한 시　　**半** 반, 30분　　**ありがとうございます** 감사합니다, 고맙습니다

문법 마스터

1 명사 の 명사   ~의(명사의 명사 수식)

일본어에서 명사 뒤에 다른 명사가 이어질 때는 반드시 「~の~」로 연결한다. 우리말의 '~의'에 대응하지만 해석을 하지 않아도 되는 경우도 많다. 또한 전화번호에서 숫자와 숫자를 연결하는 「-」도 「の」로 읽는다.

A キム・ヘリさんの 電話番号は？ 김해리 씨의 전화번호는?
B 080-1234-5678です。 080-1234-5678입니다.
  (ゼロはちゼロのいち に さん し の ご ろくななはち)

A これは だれの 本ですか。 이것은 누구 책입니까?
B それは 私の 本です。 그것은 제 책입니다.

2 ~から   ~부터, ~에서

「~から」는 우리말의 '~부터, 에서'와 같이 시작되는 지점이나 시점을 나타낸다.

A チェックインは 何時からですか。 체크인은 몇 시부터입니까?
B 午後 3時からです。 오후 3시부터입니다.

3 ~まで   ~까지

「~まで」는 우리말의 '~까지'와 같이 끝나는 지점이나 시점을 나타낸다.

A 韓国から 日本まで 何時間ですか。 한국에서 일본까지 몇 시간입니까?
B 約 2時間 半です。 약 2시간 반입니다.

これ 이것   だれ 누구   本 책   それ 그것   チェックイン 체크인   午後 오후   何時間 몇 시간   時間 시간
約 약, 대략

❹ 숫자 세기

ゼロ 0	いち 1	に 2	さん 3	よん・し 4	ご 5	ろく 6	なな・しち 7	はち 8	きゅう・く 9
じゅう 10	じゅういち 11	じゅうに 12	じゅうさん 13	じゅうよん 14	じゅうご 15	じゅうろく 16	じゅうなな 17	じゅうはち 18	じゅうきゅう 19
にじゅう 20	21	22	23	24	25	26	27	28	29
さんじゅう 30	31	32	33	34	35	36	37	38	39
よんじゅう 40	41	42	43	44	45	46	47	48	49
ごじゅう 50	51	52	53	54	55	56	57	58	59
ろくじゅう 60	61	62	63	64	65	66	67	68	69
ななじゅう 70	71	72	73	74	75	76	77	78	79
はちじゅう 80	81	82	83	84	85	86	87	88	89
きゅうじゅう 90	91	92	93	94	95	96	97	98	99

❺ 시간

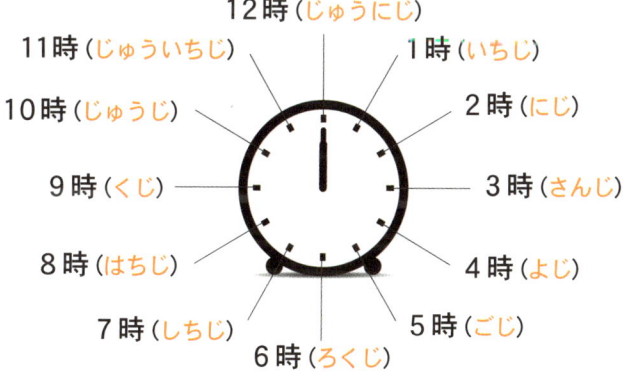

いち   に   よ   ご   ろく   しち
1時 1시, 한 시   2時 2시, 두 시   4時 4시, 네 시   5時 5시, 다섯 시   6時 6시, 여섯 시   7時 7시, 일곱 시
はち   じゅう
8時 8시, 여덟 시   10時 10시, 열 시

단어 마스터

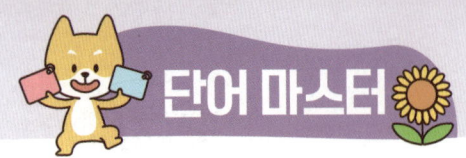

🌕 스케줄에 관한 단어입니다. 단어를 골라 빈칸에 넣고 회화를 완성해 봅시다.

A _____ は 何時(なんじ)からですか。 _____는 몇 시부터입니까?
B _____ 時(じ)からです。 _____ 시부터입니다.

授業(じゅぎょう)

ミーティング

デート

ランチ

テスト

アルバイト

サークル

夕食(ゆうしょく)

飲(の)み会(かい)

授業(じゅぎょう) 수업　ミーティング 미팅, 회의　デート 데이트　ランチ 점심식사　テスト 테스트, 시험
アルバイト 아르바이트　サークル 동아리, 서클　夕食(ゆうしょく) 저녁식사　飲(の)み会(かい) 회식

○ 밑줄 친 단어를 바꿔 말해 봅시다.

> <u>大学の オリエンテーション</u>は あしたです。
> <u>午前 9時 半</u>から <u>11時 半</u>までです。

① 学校の テスト | 午前 10時 | 12時 半
② 日本語の 授業 | 午前 9時 | 午後 5時
③ クラスの ミーティング | 午後 4時 半 | 午後 6時

○ 다음 간판을 읽고 질문에 답해 봅시다.

① レストランの 電話番号は？
　_____

② レストランの 営業時間は？
　_____

③ ランチの 時間は？
　_____

学校 학교　　レストラン 레스토랑　　営業 영업

쓰기 마스터

🟡 질문에 맞는 답을 써 봅시다.

1 今日の スケジュール

① ランチは 何時から 何時までですか。

_____

② 午後の 授業は 何時から 何時までですか。

_____

③ サークルは、何時から 何時までですか。

_____

2 明日の スケジュール

① ランチは 何時から 何時までですか。

_____

② 午前の 予定は 何ですか。
　何時から 何時までですか。

_____

③ 午後の 予定は 何ですか。
　何時から 何時までですか。

_____

今日 오늘　スケジュール 스케줄, 일정　予定 예정

한자 마스터

🟡 한자를 따라 써 봅시다.

でんわ 電話	電話		
じかん 時間	時間		
ごぜん 午前	午前		
ごご 午後	午後		
よてい 予定	予定		
ゆうしょく 夕食	夕食		

일본 문화 즐기기

일본의 숫자 문화

● 일본인이 좋아하는 숫자
    7 : 만국 공통인 행운의 숫자
    3 : '삼박자' 등 조화를 의미하는 숫자이며, 발음이 '가득 채워지다(満つ)'라는 뜻과 통하는 경사스러운 숫자
    8 : 한자 '八'의 모양이 아래로 갈수록 넓어져가는 형태여서 점차로 번영을 누리게 된다는 뜻으로 통하는 숫자

● 일본인이 기피하는 숫자
    4 : 한자 '死(죽음)'와 발음이 같아서 피하는 숫자
    9 : 한자 '苦(고통)'와 발음이 같아서 피하는 숫자

● 홀수를 선호하는 일본인
'시치고산(七五三: 남자 3세·5세, 여자 3세·7세가 되는 해 11월15일에 아이의 성장을 축하하는 행사)' 등에서 볼 수 있듯이 예부터 홀수를 경사스러운 숫자로 여긴다. 특히 축의금, 부의금은 홀수 금액으로 하고 짝수의 금액을 피하는데, 짝수는 둘로 나눌 수 있어 이별과 통하기 때문이다. 단, 홀수라도 9는 한자 '苦(고통)'와 발음이 같으므로 피한다.

3

これ、どうぞ

> **학습목표**

1_ 지시대명사「これ・それ・あれ・どれ」
2_ 명사의 부정「～は ～では(じゃ)ありません」
3_「どうぞ」의 용법

회화 워밍업

🌕 그림을 보면서 잘 듣고 말해 봅시다. 🎧68

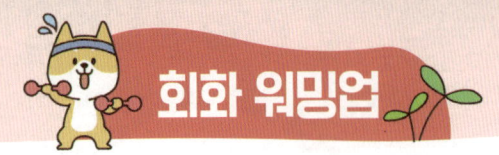

- どうぞ。
- ありがとう。
- どうぞ。
- ありがとうございます。

どうぞ 드세요, 앉으세요(권유할 때 쓰는 말)　ありがとう 고마워, 고마워요

🌕 잘 듣고 다음과 같이 말해 봅시다. 🎧 69~70

1 A　それは 何(なん)ですか。 그것은 무엇입니까?

　　B　_____です。 _____입니다.

❶

❷

❸

2 A　それは _____ですか。 그것은 _____입니까?

　　B　いいえ、これは _____では ありません。
　　　　아니요, 이것은 _____이/가 아닙니다.

❶

❷

❸

コーヒー 커피　ボールペン 볼펜　～では ありません ~이/가 아닙니다

- 면담이 끝나고 사촌오빠 집에 온 해리와 새리

🎧 71~73

ヘリ 　これ、どうぞ。

愛 　　わあ、これは 何ですか。ジャムですか。

セリ 　いいえ、それは ジャムでは ありません。ゆず茶です。

愛 　　ありがとう。ヘリさん。

セリ 　あ、私は ヘリでは ありません。セリです。

愛 　　ごめんなさい。

セリ 　いいえ、だいじょうぶです。

● 회화문을 큰 소리로 읽어 봅시다.
　□ 천천히 읽기　□ 보통 읽기　□ 빠르게 읽기

● 다른 사람과 짝이 되어 함께 말해 봅시다.

わあ 와(감탄사)　　ジャム 잼　　ゆず茶 유자차　　あ 아(감탄사)　　ごめんなさい 미안해요, 죄송해요
だいじょうぶです 괜찮아요, 괜찮습니다

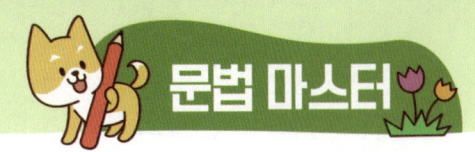

문법 마스터

1 これ・それ・あれ・どれ 이것·그것·저것·어느 것

「これ・それ・あれ・どれ」는 지시대명사로서 사물을 가리킨다. 한국어와 마찬가지로 「これ(이것)」는 말하는 사람과 가까운 쪽의 사물을 가리키고, 「それ(그것)」는 상대방과 가까운 쪽의 사물을 가리키고, 「あれ(저것)」는 두 사람에게서 다 먼 쪽의 사물을 가리킨다. 「どれ(어느 것)」는 여러 개 중 어느 것인지 물을 때 사용한다.

これは 本です。 이것은 책입니다.
それは 雑誌です。 그것은 잡지입니다.
あれは 辞書です。 저것은 사전입니다.

A 佐藤さんの ノートは **どれ**ですか。 사토 씨의 노트는 어느 것입니까?
B **これ**です。 이것입니다.

雑誌 잡지   辞書 사전   ノート 노트   お茶 차

❷ 명사 は 명사 では(じゃ) ありません
～은/는 ～가 아닙니다.

명사문「～です」의 부정 표현은「～では ありません」이다. 회화체에서는 줄여서「～じゃ ありません」으로 쓰이는 경우가 많다.

- A 東京は はじめてですか。 도쿄는 처음입니까?
- B いいえ、はじめてでは ありません。 아니요, 처음이 아닙니다.

- A これは 韓国の お茶ですか。 이것은 한국 차입니까?
- B いいえ、それは 韓国の お茶じゃ ありません。
  아니요, 그것은 한국 차가 아닙니다.

❸ どうぞ 권유할 때 쓰는 표현

「どうぞ」는 원래「どうぞ よろしく お願いします(아무쪼록 잘 부탁드립니다)」와 같이 '부디, 아무쪼록'이란 뜻을 가진 부사이지만, 실제 회화에서는 다른 사람에게 무언가를 권할 때 자주 사용된다. 예를 들어 차를 가리키면서「どうぞ」라고 하면 '드세요'라는 뜻이 되고, 의자를 가리키면서「どうぞ」라고 하면 '앉으세요'라는 뜻이 되는 것처럼 다양한 상황에서 사용할 수 있다.

- A どうぞ。 (차를 권하면서) 드세요.
- B ありがとう。 고마워.

- A どうぞ。 (자리를 양보하면서) 앉으세요.
- B ありがとうございます。 감사합니다.

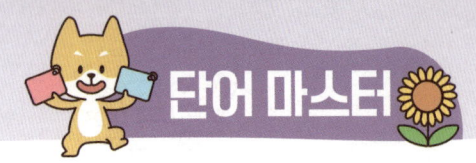

● 선물에 관한 단어입니다. 단어를 골라 빈칸에 넣고 회화를 완성해 봅시다.

A これ、どうぞ。 (선물을 건네며) 이거, 받으세요.
B ありがとう。これは 何_{なん}ですか。 고마워요. 이건 뭔가요?
A _____ です。 _____ 입니다.

プレゼント 선물　　ネクタイ 넥타이　　時計_{とけい} 시계　　財布_{さいふ} 지갑　　ハンカチ 손수건　　香水_{こうすい} 향수
チョコレート 초콜릿　　ケーキ 케이크　　スカーフ 스카프　　化粧品_{けしょうひん} 화장품

말하기 & 읽기 마스터

🌕 밑줄 친 단어를 바꿔 말해 봅시다.

> これは 日本の お茶では ありません。韓国の お茶です。

① 私 | ソウル出身 | テグ出身
② ミーティング | 午前 10時から | 午後 3時から
③ あれ | キムさんの かばん | 田中さんの かばん

🌕 다음 글을 읽고 질문에 맞게 답해 봅시다.

> これは プレゼントです。それは プレゼントでは ありません。あれは プレゼントです。これは 時計では ありません。それは 財布です。あれは ハンカチです。

① プレゼントは どれですか。
　A 箱①　　B 箱②　　C 箱③

② ハンカチは どれですか。
　A 箱①　　B 箱②　　C 箱③

③ 箱①は プレゼントの 時計ですか。
　A はい　　B いいえ

テグ 대구　　箱 상자

쓰기 마스터

🟡 다음 사진을 보고 질문에 맞는 답을 써 봅시다.

1

① これは プレゼントですか。＿＿＿＿＿＿＿＿＿＿＿＿＿＿

② これは ゆず茶ですか。＿＿＿＿＿＿＿＿＿＿＿＿＿＿

③ これは 何ですか。＿＿＿＿＿＿＿＿＿＿＿＿＿＿＿＿

2

① あれは ゆず茶ですか。＿＿＿＿＿＿＿＿＿＿＿＿＿＿

② あれは ゆずジャムですか。＿＿＿＿＿＿＿＿＿＿＿＿

③ あれは 何ですか。＿＿＿＿＿＿＿＿＿＿＿＿＿＿＿＿

キウイジャム 키위잼

한자 마스터

🟡 한자를 따라 써 봅시다.

お茶（ちゃ）	お茶		
辞書（じしょ）	辞書		
雑誌（ざっし）	雑誌		
香水（こうすい）	香水		
時計（とけい）	時計		
財布（さいふ）	財布		

일본 문화 즐기기

선물 예절

일본에서는 보통 다른 사람을 방문하거나 어떤 일로 신세를 졌을 때 상대에게 부담이 되지 않을 정도의 과자류와 같은 가벼운 선물을 한다.

● 오미야게(お土産)

여행을 다녀오면 그 지역의 특산물이나 기념품을 선물로 사오는데 이를 '오미야게'라고 하며, 일본에서는 선물문화가 일상화되어 있다. 일상적으로 주고받는 선물 외에 다음과 같은 선물이 있다.

● 오추겐(お中元) · 오세이보(お歳暮)

평소 신세를 지고 있는 친지나 직장 상사 등에게 감사의 표시로 1년에 두 번 선물을 보내는데, '오추겐'은 여름에, '오세이보'는 연말에 보낸다. 음료, 주류, 과자, 가공식품, 생필품 등이 많다.

● 히키데모노(引出物) · 우치이와이(内祝) · 고덴가에시(香典返し)

'히키데모노'는 결혼 축하에 대한 답례품이다. 받는 사람이 직접 물건을 고를 수 있도록 카탈로그 기프트를 선물하는 경우가 늘고 있다. '우치이와이'는 출산 축하에 대한 답례로 받은 선물의 3분의 1 금액에 해당하는 선물을 하며, 수건, 비누 등이 많다. '고덴가에시'는 조위금에 대한 답례품으로 사용하면 없어지는 차, 커피, 상품권 등이 일반적이다.

4

いい におい

학습목표

1_ い형용사
2_ い형용사의 명사 수식 「〜い 〜」
3_ 명사의 중지형 「〜で、〜」
4_ 종조사 「〜ね」・「〜よ」의 용법

회화 워밍업

🌙 그림을 보면서 잘 듣고 말해 봅시다.

いい におい！

どう？

おいしい。

いい 좋다　におい 냄새　どう 어때?, 어떠함　おいしい 맛있다

🟡 잘 듣고 다음과 같이 말해 봅시다. 76~77

1 A どうですか。 어때요?

   B ＿＿＿＿＿＿＿です。 ＿＿＿＿＿(합)니다.

   ①    ②    ③

2 A それは 何(なん)ですか。 그것은 무엇입니까?

   B これは ＿＿＿＿＿＿で、これは ＿＿＿＿＿＿です。
   이것은 ＿＿＿＿＿이고 이것은 ＿＿＿＿＿입니다.

   ①    ②    ③

あつい 뜨겁다   ～で ～이고   紅茶(こうちゃ) 홍차   シャープペン 샤프펜슬

회화 마스터

● 사촌오빠 집에서 식사를 하는 해리와 새리

セリ	あ、いい におい！
愛（あい）	これは クリームコロッケで、それは カレーコロッケです。カレーコロッケは 少（すこ）し 辛（から）いです。
ミンス	今日（きょう）は コロッケか。いいね。じゃあ、いただきます。
ヘリ・セリ	いただきます。
愛（あい）	あついですよ。気（き）を つけて。
ミンス	どう？
ヘリ	とても おいしいです。
セリ	おかわりください！

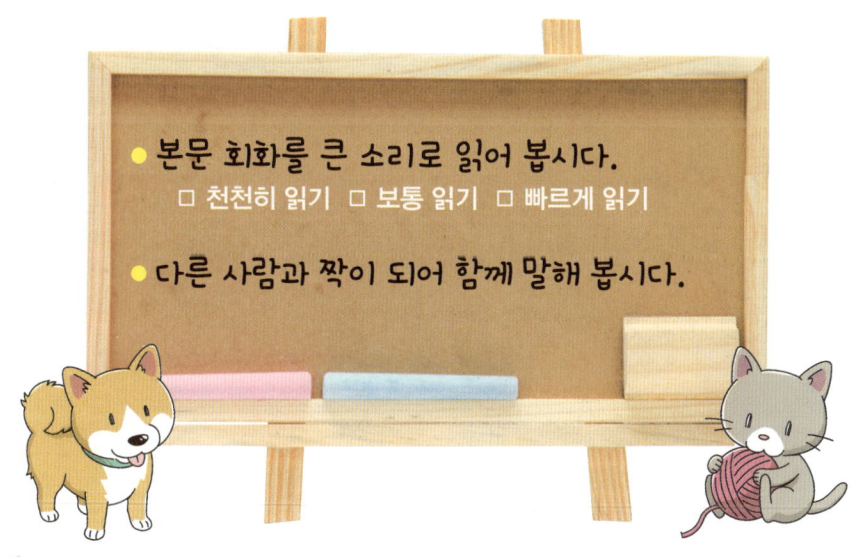

- 본문 회화를 큰 소리로 읽어 봅시다.
  □ 천천히 읽기 □ 보통 읽기 □ 빠르게 읽기
- 다른 사람과 짝이 되어 함께 말해 봅시다.

クリーム 크림   コロッケ 크로켓   カレー 카레   少（すこ）し 조금   辛（から）い 맵다   ～か ~인가   ～ね 확인, 동의를 나타내는 종조사
じゃあ(じゃ) 그럼   いただきます 잘 먹겠습니다   ～よ 강조를 나타내는 종조사   気（き）を つけて 조심하세요, 조심해
とても 매우, 아주   おかわりください 더 주세요

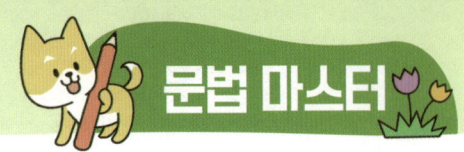

문법 마스터

1 い형용사 명사 ~(한)~

일본어의 형용사는 명사를 수식하는 형태에 따라 'い형용사'와 'な형용사'의 2가지 종류가 있는데, 「~い」의 형태로 명사를 수식하는 단어를 'い형용사'라고 한다.

A あつい お茶 ください。 뜨거운 차 주세요

B どうぞ。 드세요.

A いい 万年筆ですね。 좋은 만년필이네요.

B これですか。誕生日の プレゼントです。 이거요? 생일 선물입니다.

2 い형용사 ~(하)다

い형용사의 기본형은 「~い」이며, 정중체를 만들 때는 い형용사의 기본형에 「~です」를 붙인다.

A 味は どう？ 맛은 어때?

B とても 辛い。 아주 매워.

A 日本語の 授業は どうですか。 일본어 수업은 어떻습니까?

B とても おもしろいです。 아주 재미있습니다.

ください 주세요   万年筆 만년필   誕生日 생일   味 맛   どうですか 어떻습니까?, 어때요?   おもしろい 재미있다

③ 명사 で、명사 です ~(이)고, ~(입)니다

명사문 두 개를 연결할 때는 접속조사「~で」를 사용한다.

A 何の スープですか。 무슨 수프입니까?

B これは コーンスープで、あれは トマトスープです。
이것은 콘수프이고, 저것은 토마토수프입니다.

A これは だれの 本ですか。 이것은 누구의 책입니까?

B これは ヘリさんの 本で、あれは セリさんの 本です。
이것은 해리 씨 책이고, 저것은 새리 씨 책입니다.

④ ~ね 확인, 동의 / ~よ 강조

종조사는 문장 끝에 붙어서 말하는 사람의 다양한 생각이나 태도를 나타낸다. 종조사 중에서「~ね」는 정보를 확인하거나 동의를 구할 때, 감탄을 나타낼 때 자주 사용된다. 종조사「~よ」는 주로 말하는 사람의 의견이나 발화 내용을 강조할 때, 상대방의 주위를 환기시킬 때 사용된다. 우리말로는 해석의 구분이 어려운 경우도 많지만,「~ね」와「~よ」는 서로 다른 뉘앙스를 나타낸다는 것을 꼭 기억하자!

A これは だれの かさですか。 이것은 누구 우산이에요?

B それは 木村さんの かさですね。 그것은 기무라 씨의 우산이네요.

A これは だれの かさですか。 이것은 누구 우산이에요?

B それは 木村さんの かさですよ。 그것은 기무라 씨의 우산이에요.

何の 무슨　スープ 수프　コーン 콘, 옥수수　トマト 토마토　かさ 우산

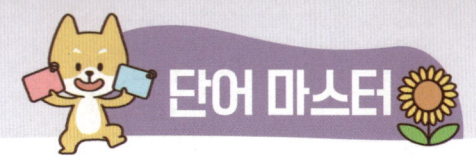

단어 마스터

🌻 맛에 관한 단어입니다. 단어를 골라 빈칸에 넣고 회화를 완성해 봅시다.

A 味は どうですか。 맛은 어떻습니까?
B とても _____ です。 매우 _____(합)니다.

すっぱい

甘い

辛い

苦い

塩辛い

うすい

濃い

まずい

あぶらっこい

すっぱい 시다　甘い 달다　苦い 쓰다　塩辛い 짜다　うすい 싱겁다, 엷다　濃い 진하다　まずい 맛이 없다
あぶらっこい 기름지다, 느끼하다

말하기 & 읽기 마스터

🟡 밑줄 친 단어를 바꿔 말해 봅시다.

これは とても <u>おいしい</u>です。
<u>おいしい</u> <u>サラダ</u>です。

① 辛い | 辛い | インドカレー
② すっぱい | すっぱい | みかん
③ 濃い | 濃い | コーヒー

🟡 다음 글을 읽고 질문에 맞게 답해 봅시다.

サラダの ソースは、すっぱいです。
パスタは 辛いです。スープは 塩辛いです。
ケーキは 甘いです。コーヒーは うすいです。

① サラダの ソースは どうですか。
　_____

② コーヒーは どうですか。
　_____

③ 塩辛い 料理は どれですか。
　_____

サラダ 샐러드　インド 인도　みかん 귤　ソース 소스　パスタ 파스타

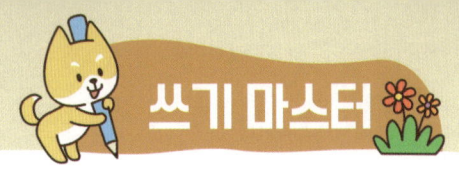

쓰기 마스터

🍋 사진을 보고 질문에 맞는 답을 써 봅시다.

① これは 何ですか。 _____

② 甘いですか。 _____

③ すっぱい 食べ物ですか。 _____

🍋 다음 음식에 대해 설명문을 써 봅시다.

① トッポギは _____。

② キムチチゲは _____。

③ サンギョプサルは _____。

チョコケーキ 초콜릿 케이크　　**食べ物** 음식, 먹을거리　　**トッポギ** 떡볶이　　**キムチチゲ** 김치찌개
サンギョプサル 삼겹살

한자 마스터

🟡 한자를 따라 써 봅시다.

き 気	気		
あじ 味	味		
すこ 少し	少し		
あま 甘い	甘い		
から 辛い	辛い		
たんじょうび 誕生日	誕生日		

일본 문화 즐기기

일본의 식사예절

- 식사 전에는 「いただきます(잘 먹겠습니다)」, 식사 후에는 「ごちそうさまでした(잘 먹었습니다)」라는 인사말을 한다.

- 일반적으로 젓가락만 사용하고 숟가락을 쓰지 않는다. 단, 카레라이스나 양식 등을 먹을 때는 숟가락을 사용한다.

- 젓가락으로 음식을 찍어서 먹거나, 음식을 집어 다른 사람의 젓가락으로 건네주지 않는다.

- 밥공기, 국그릇은 왼손으로 들고 먹는다. 식탁 위의 식기에 고개를 숙여서 입을 대고 먹지 않는다.

- 한 요리를 여럿이 함께 먹을 때는 개인 접시에 덜어서 먹는다.

- 밥에 반찬을 섞어 비벼 먹지 않는다. 또한 국에 밥을 말지 않는다.

5

この 自転車は どうですか

학습목표

1. 지시연체사「この・その・あの・どの」
2. 조사「〜が」의 용법 ①
3. 조사「〜も」의 용법
4. い형용사의 부정「〜く ありません / 〜く ないです」

○ 그림을 보면서 잘 듣고 말해 봅시다.

どの くつが いいですか。

この くつが いいです。

どの 어느   くつ 구두, 신발   ～が ~이/가   この 이

🟡 **잘 듣고 다음과 같이 말해 봅시다.** 🎧 83~84

1 A _____ も _____ ですか。
　　　　_____도 _____입니까?

　　B いいえ、_____ は _____ です。
　　　　아니요, _____는 _____입니다.

❶ 　❷ 　❸

2 A _____ は 何(なに)が いいですか。
　　　　_____은/는 무엇이 좋습니까?

　　B _____ が いいです。 _____이/가 좋습니다.

❶ 　❷ 　❸

～も ～도　学生(がくせい) (대)학생　会社員(かいしゃいん) 회사원　クリスマス 크리스마스　ブローチ 브로치　食後(しょくご) 식후
デザート 디저트　チーズケーキ 치즈 케이크　お土産(みやげ) 여행 선물, 기념품　のり 김

회화 마스터

🟡 **아이와 함께 자전거를 사러 간 해리와 새리**

🎧 85~87

愛　　どれが いいですか。
　　　この 赤い 自転車は、どうですか。

セリ　わあ、かわいいですね。

ヘリ　でも 少し 重いです。

愛　　その 白い 自転車は どうですか。

ヘリ　あ、これは あまり 重く ありませんね。

セリ　値段も 高く ないですね。じゃ、私は これ！

愛　　ヘリさんは？

ヘリ　私も これが いいです。

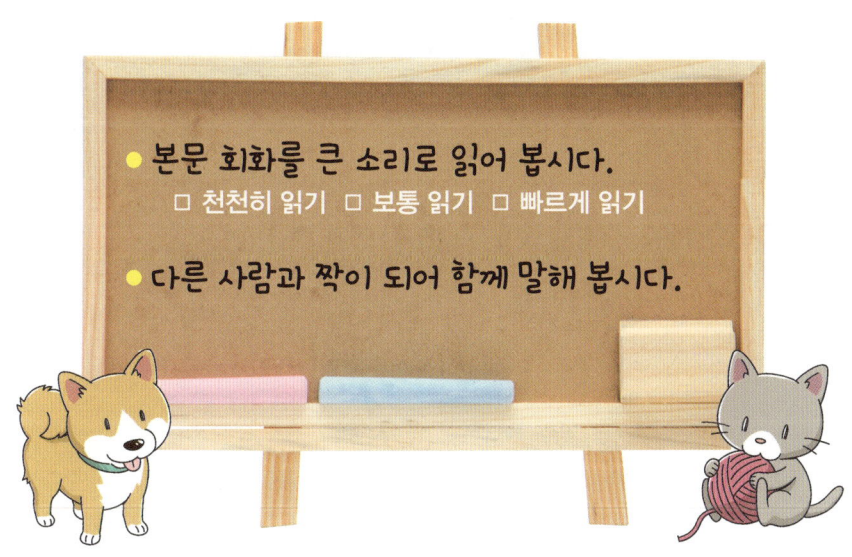

- 본문 회화를 큰 소리로 읽어 봅시다.
    □ 천천히 읽기　□ 보통 읽기　□ 빠르게 읽기
- 다른 사람과 짝이 되어 함께 말해 봅시다.

赤い 빨갛다　自転車 자전거　かわいい 귀엽다　でも 하지만, 그렇지만　重い 무겁다　その 그　白い 하얗다
あまり 별로, 그다지　値段 가격　高い 비싸다, 높다

❶ この・その・あの・どの 名詞 이·그·저·어느 ~

「この・その・あの・どの」는 '이/그/저/어느'와 같이 특정한 명사를 지시한다.

A　この 自転車は 高いですか。 이 자전거는 비쌉니까?

B　はい、その 自転車は 少し 高いです。 네, 그 자전거는 조금 비쌉니다.

A　あの ポスターの 女の人は だれですか。 저 포스터의 여성은 누구입니까?

B　あの 人ですか。アメリカの 歌手ですよ。 저 사람이요? 미국의 가수예요.

❷ ～が ～이/가

「～が」는 한국어의 '～이/가'에 해당하는 조사로 술어의 주체를 나타낸다.

A　どれが 一番 辛いですか。 어느 것이 가장 맵습니까?

B　これが 一番 辛いです。 이것이 가장 맵습니다.

A　この ワンピース、かわいい。 이 원피스 귀엽다.

B　色が いいね。 색이 좋아.

ポスター 포스터　女の人 여성　歌手 가수　一番 가장, 제일　ワンピース 원피스　色 색

❸ ～も ~도

「～も」는 한국어의 '~도'에 해당하는 조사로 같은 종류를 나타낸다.

A 木村さんの 専攻も 日本語ですか。 기무라 씨 전공도 일본어입니까?

B いいえ、私の 専攻は 英語です。 아니요, 제 전공은 영어입니다.

A 明日の 授業も 早いですか。 내일 수업도 이른가요?

B はい、8時からです。 네, 아침 8시부터입니다.

❹ い형용사 ～い く ありません
　　　　　　　　 く ないです ～(하)지 않습니다

い형용사의 정중체「～です」의 부정 표현은「～く ありません」이다. 회화체에서는 가볍게「～く ないです」로 쓰이는 경우도 있다.

A この みかんは すっぱいですか。 이 귤은 십니까?

B いいえ、すっぱく ありません。とても 甘いです。
아니요, 시지 않습니다. 무척 답니다.

A 今日は 宿題が 多いですか。 오늘은 숙제가 많습니까?

B いいえ、あまり 多く ないです。今日は 少ないです。
아니요, 별로 많지 않습니다. 오늘은 적습니다.

英語 영어　　早い 빠르다, 이르다　　宿題 숙제　　多い 많다　　少ない 적다

단어 마스터

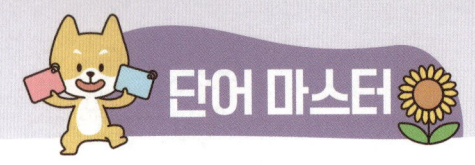

● 옷과 액세서리에 관한 단어입니다. 단어를 골라 빈칸에 넣고 회화를 완성해 봅시다.

安(やす)い ズボン

黒(くろ)い カーディガン

青(あお)い ブラウス

¥1000

白(しろ)い Tシャツ

赤(あか)い ワンピース

短(みじか)い 靴下(くつした)

長(なが)い スカート

小(ちい)さい ブローチ

大(おお)きい かばん

A どれが いいかな。 어느 것이 좋을까?

B この _____ は、どう？ 이 _____ 는 어때?

黒(くろ)い 검다　カーディガン 카디건　青(あお)い 파랗다　ブラウス 블라우스　安(やす)い 싸다, 저렴하다　ズボン 바지
Tシャツ 티셔츠　短(みじか)い 짧다　靴下(くつした) 양말　小(ちい)さい 작다　大(おお)きい 크다　かばん 가방　長(なが)い 길다
スカート 스커트, 치마　～かな ～까, ～나

말하기 & 읽기 마스터

🟡 밑줄 친 단어를 바꿔 말해 보세요.

> この 本、高く ありませんね。あ、でも、少し 古いですね。

① この かばん │ 重い │ 少し 小さい
② その りんご │ 赤い │ とても 安い
③ あの 自転車 │ 新しい │ とても いい

🟡 다음 글을 읽고 질문에 맞게 대답해 보세요.

> この 黒い スカートは セールです。安いですよ。あ、でも サイズが 少し 大きいですね。あの 白い スカートは 少し 短いです。でも、かわいいですよ。え、高いですか。じゃあ、その 青い スカートは どうですか。色が とても いいです。あまり 高く ありませんよ。

① 黒い スカートは 高いですか。
　_____

② 白い スカートは 長いですか。
　_____

③ 色が いい スカートは、何色ですか。
　_____

古い 낡다, 오래되다　　**りんご** 사과　　**新しい** 새롭다　　**セール** 판매, 바겐세일　　**サイズ** 사이즈　　**何色** 무슨 색
青色 파란색

쓰기 마스터

🟡 그림을 보고 질문에 맞는 답을 써 봅시다.

1

① この かばんは 安(やす)いですか。 _____

_____

② この かばんは 大(おお)きいですか。 _____

_____

③ あなたの かばんは 大(おお)きいですか。 _____

2

① 田中(たなか)さんの 髪(かみ)は 短(みじか)いですか。 _____
② 山田(やまだ)さんの 髪(かみ)は 少(すく)ないですか。 _____
③ あなたの 髪(かみ)は 短(みじか)いですか。 _____

髪(かみ) 머리카락

한자 마스터

● 한자를 따라 써 봅시다.

いろ 色	色		
がくせい 学生	学生		
かしゅ 歌手	歌手		
ねだん 値段	値段		
じてんしゃ 自転車	自転車		
かいしゃいん 会社員	会社員		

일본 문화 즐기기

일본의 자전거 매너

- 일본에서는 자전거가 생활필수품으로 일상화되어 있으며, 자전거를 이용하는 사람들이 대단히 많다. 그런 만큼 엄격한 법규와 매너를 준수해야 한다.

- 자전거를 구매할 때 반드시 '자전거 방범 등록'을 하여 경찰에 신고한다.

- 자전거는 자전거 주차장에 세워 두어야 하며, 유료이다. 길거리에 아무 데나 세워 두면 견인을 당한다.

- 자전거 주행은 차도가 원칙이며 보도는 예외적으로 허용된다.

- 보도는 보행자 우선이므로 차도 쪽을 따라 서행해야 한다.

- 음주 운전, 2인 동승, 나란히 주행하기는 금지되어 있다. 또한 야간의 전조등 점등, 신호 준수, 교차로 일시정지는 의무화되어 있다. 우산을 쓰고 주행하기, 주행 중 이어폰·헤드셋 착용, 휴대전화 사용도 법규 위반이다. 이를 위반했을 때는 처벌받게 되는데, 음주 운전의 경우 2015년 기준 5년 이하의 징역 또는 100만 엔 이하의 벌금으로 매우 엄하게 처벌된다.

- 6세 미만의 유아에 한해 동승이 가능하며, 유아를 태울 때는 안전시트에 앉혀 안전모를 착용시켜야 한다.

6

ひと
一つ ください

학습목표

1_ 조사 「～で」의 용법
2_ 조사 「～と」의 용법
3_ 개수 세기(하나~열)
4_ 숫자 세기 ② (백~만)

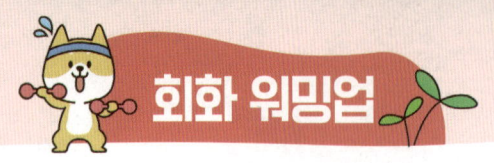

회화 워밍업

🟡 숫자를 보고 잘 듣고 말해 봅시다. 🎧89

100	百（ひゃく）	1000	千（せん）
200	二百（にひゃく）	2000	二千（にせん）
300	三百（さんびゃく）	3000	三千（さんぜん）
400	四百（よんひゃく）	4000	四千（よんせん）
500	五百（ごひゃく）	5000	五千（ごせん）
600	六百（ろっぴゃく）	6000	六千（ろくせん）
700	七百（ななひゃく）	7000	七千（ななせん）
800	八百（はっぴゃく）	8000	八千（はっせん）
900	九百（きゅうひゃく）	9000	九千（きゅうせん）
1000	千（せん）	10000	一万（いちまん）

TIP 일반적으로 「百」은 「ひゃく」로 읽지만 앞에 오는 숫자에 따라서 「びゃく」 또는 「ぴゃく」로 읽기도 한다.
「千」은 「せん」으로 읽지만, 앞에 오는 숫자에 따라서 「ぜん」으로 읽기도 한다. 10000은 「いちまん」으로 사용한다.

百^{ひゃく} 백   千^{せん} 천   一万^{いちまん} 만, 10000

🍋 잘 듣고 다음과 같이 말해 봅시다. 🎧 90~91

1 A いらっしゃいませ。 어서 오세요.

　　B ＿＿＿＿＿＿ ください。 ＿＿＿＿ 주세요.

❶ 　❷ 　❸

2 A いくらですか。 얼마입니까?

　　B ＿＿＿＿＿＿ 円(えん)です。 ＿＿＿＿ 엔입니다.

❶ 　❷ 　❸

いらっしゃいませ 어서 오세요　ホットコーヒー 따뜻한 커피　チョコアイス 초콜릿 아이스크림
チーズバーガー 치즈버거　いくら 얼마　円(えん) 엔(일본 화폐 단위)

회화 마스터

🟡 자전거를 사는 해리와 새리

セリ	この 白い 自転車、2台 ください。
店員	この 自転車ですか。2台で 2万7,600円です。
	あ、今 空気入れが とても 安いですよ。
セリ	いくらですか。
店員	1,300円です。
ヘリ	じゃあ、一つ ください。
店員	自転車 2台と 空気入れ 一つで、2万8,900円です。
ヘリ	じゃあ、これで。
店員	1,100円の おつりです。ありがとうございます。

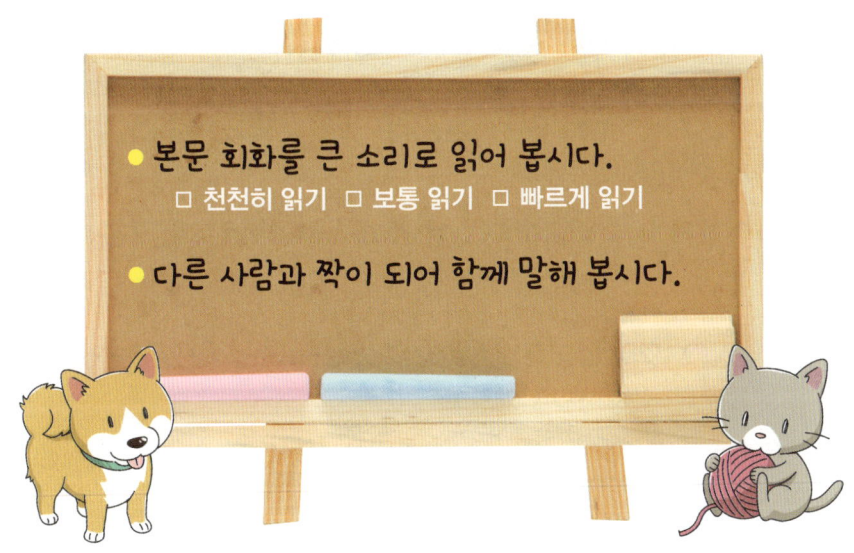

~台 ~대   店員 점원   ~で ~(합)해서   空気入れ 공기주입기   一つ 1개, 한 개, 하나   ~と ~와/과
おつり 잔돈, 거스름돈

 문법 마스터

1 ～で ~(합)해서, ~(으)로

「～で」는 격조사로서 여러 가지 의미와 용법을 가지고 있다. 주로 시간이나 수량, 금액을 나타내는 명사와 함께 쓰이는 경우는 제시된 명사의 범위를 한정한다.

A 全部で いくらですか。 전부 해서 얼마입니까?
B 全部で 2万7,600円です。 전부 27,600엔입니다.

A りんごは いくらですか。 사과는 얼마입니까?
B 三つで 240円です。 세 개에 240엔입니다.

2 ～と ~와/과

「～と」는 한국어의 '~와/과'에 해당하는 조사로 나열을 나타낸다.

A キム・ヘリさんと キム・セリさんは、同じ 専攻ですか。
김해리 씨와 김새리 씨는 같은 전공입니까?
B いいえ、ヘリさんは 文学部で、セリさんは 経済学部です。
아니요, 해리 씨는 문학부이고 새리 씨는 경제학부입니다.

A あ、あの 人の ワンピース、私の ワンピースと 同じですよ。
아, 저 사람의 원피스, 내 원피스와 같네요.
B あら、色も デザインも そっくりですね。 어머, 색깔도 디자인도 똑같네요.

全部 전부 三つ 3개, 세 개 同じ 같은, 같다 文学部 문학부 経済学部 경제학부 人 사람 あら 어머
デザイン 디자인 そっくりだ 똑같다, 닮다

③ 숫자 세기

일본어로 사물의 개수를 셀 때는 다음과 같이 '하나, 둘, 셋 …열'에 해당하는 일본 고유의 숫자 읽기를 사용한다. '하나, 둘, 셋 …열'까지만 세고 그 이상은 「十一(じゅういち)、十二(じゅうに)、十三(じゅうさん)…」과 같이 음독을 한다.

一(ひと)つ	二(ふた)つ	三(みっ)つ	四(よっ)つ	五(いつ)つ
六(むっ)つ	七(なな)つ	八(やっ)つ	九(ここの)つ	十(とお)

A チキンバーガー 一(ひと)つと、チーズバーガー 二(ふた)つ ください。
치킨버거 한 개와 치즈버거 두 개 주세요.

B すみません。チキンバーガーは 売(う)り切(き)れです。
죄송합니다. 치킨버거는 매진입니다.

A じゃあ、チーズバーガー 三(みっ)つ ください。 그럼 치즈버거 세 개 주세요.

B はい、ありがとうございます。３６０円(さんびゃくろくじゅうえん)です。 네, 감사합니다. 360엔입니다.

> **TIP**
>
> | 1 | 一 (いち) |
> | 10 | 十 (じゅう) |
> | 100 | 百 (ひゃく) |
> | 1,000 | 千 (せん) |
> | 10,000 | 一万 (いちまん) |
> | 100,000 | 十万 (じゅうまん) |
> | 1,000,000 | 百万 (ひゃくまん) |
> | 10,000,000 | 千万 (せんまん) |
> | 100,000,000 | 一億 (いちおく) |
> | 1,000,000,000 | 十億 (じゅうおく) |
> | 10,000,000,000 | 百億 (ひゃくおく) |
> | 100,000,000,000 | 千億 (せんおく) |

二(ふた)つ 2개, 두 개　四(よっ)つ 4개, 네 개　五(いつ)つ 5개, 다섯 개　六(むっ)つ 6개, 여섯 개　七(なな)つ 7개, 일곱 개　八(やっ)つ 8개, 여덟 개
九(ここの)つ 9개, 아홉 개　十(とお) 10개, 열 개　チキンバーガー 치킨버거　売(う)り切(き)れ 다 팔림, 매진

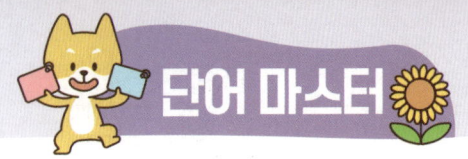

단어 마스터

🌕 과일에 관한 단어입니다. 단어를 골라 빈칸에 넣고 회화를 완성해 봅시다.

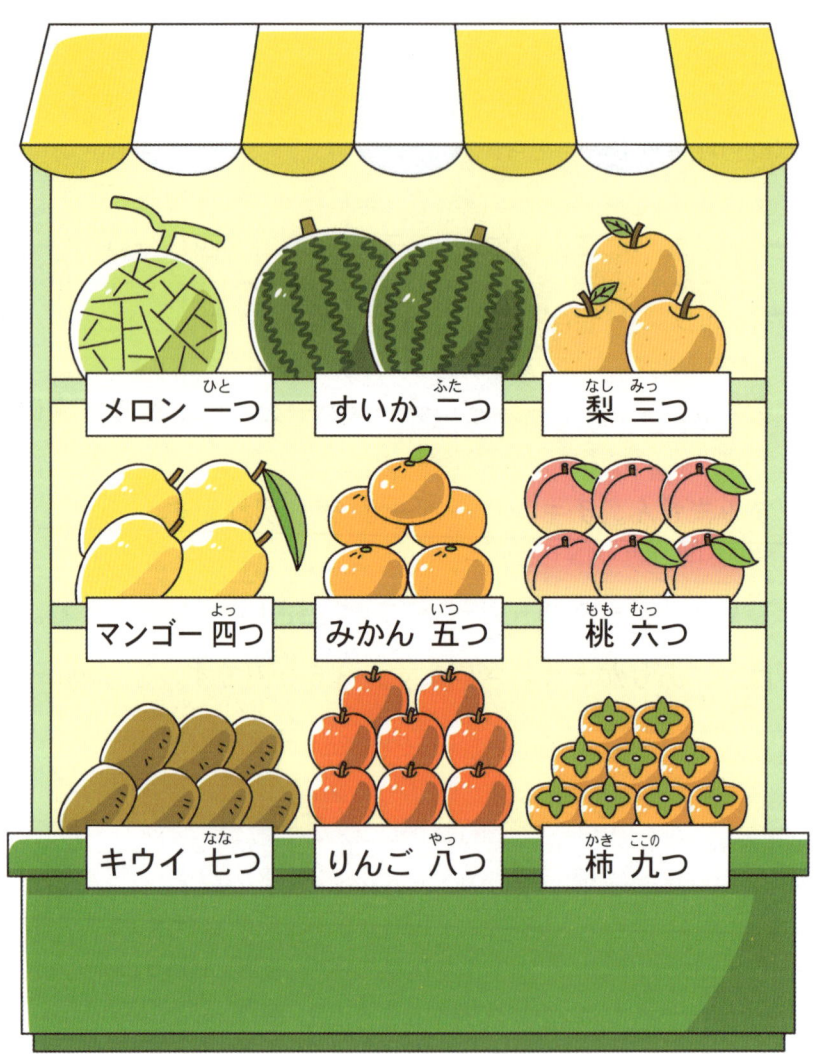

A セールですよ。とても おいしいですよ。 세일이에요. 아주 맛있어요.
B じゃあ、この _____、_____ ください。 그럼 이 __, __ 주세요.

メロン 멜론　すいか 수박　梨 배　マンゴー 망고　桃 복숭아　キウイ 키위　柿 감

말하기 & 읽기 마스터

🍋 밑줄 친 단어를 바꿔 말해 봅시다.

> この ジャムは 一つ 690円です。二つで 1,380円です。
> ひと　ろっぴゃくきゅうじゅうえん　ふた　せんさんびゃくはちじゅうえん

① この スカーフ ｜ 3,490円 ｜ セールで、三つ ｜ 9,550円
　　さんぜんよんひゃくきゅうじゅうえん　　　　　みっ　　きゅうせんごひゃくごじゅうえん

② その 万年筆 ｜ 2万4,900円 ｜ 消費税込み ｜ 2万6,892円
　　まんねんひつ　に まんよんせんきゅうひゃくえん　しょう ひ ぜい こ　に まんろくせんはっぴゃくきゅうじゅうにえん

③ あの 財布 ｜ 7万1,600円 ｜ 20％ OFF ｜ 5万7,280円
　　さい ふ　ななまんせんろっぴゃくえん　にじゅっパーセント オフ　ご まんななせんにひゃくはちじゅうえん

🍋 다음 글을 읽고 질문에 답해 봅시다.

> キウイは 一つ 110円です。
> ひと　ひゃくじゅうえん
> でも、三つで 290円です。
> みっ　にひゃくきゅうじゅうえん
> みかんは 四つで 230円です。
> よっ　にひゃくさんじゅうえん
> メロンは 一つ 1,850円です。
> ひと　せんはっぴゃくごじゅうえん
> マンゴーは 一つ 370円です。
> ひと　さんびゃくななじゅうえん

① キウイ 一つ、みかん 四つ、マンゴー 一つで、いくらですか。
　　ひと　　　　よっ　　　　　ひと
_____

② キウイ 三つ、メロン 二つ、マンゴー 五つで、いくらですか。
　　みっ　　　　ふた　　　　　いつ
_____

③ 위의 ②를 사기 위해 만 엔짜리를 지불할 경우, おつりは いくらですか。
_____

📙 消費税込み 소비세 포함　　〜％ 퍼센트　　OFF 할인
　しょう ひ ぜい こ　　　　　　パーセント　　　オフ

쓰기 마스터

🟡 사진을 보고 가격을 히라가나로 써 봅시다.

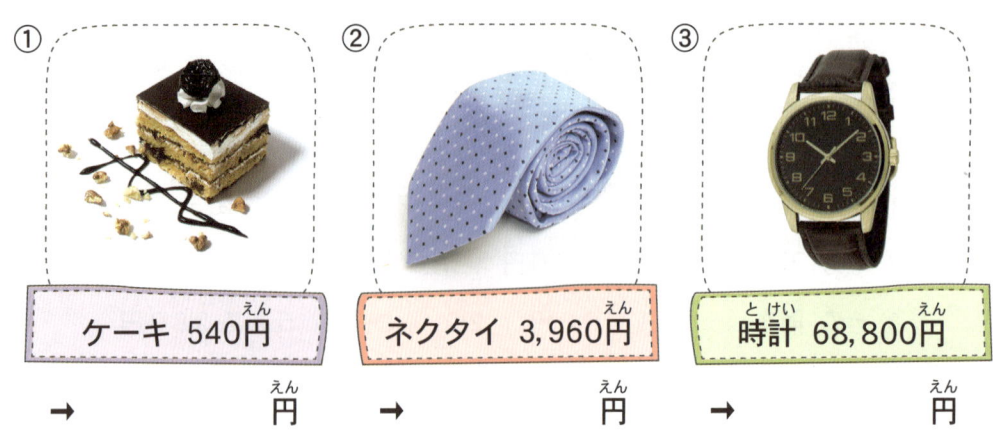

① ケーキ 540円   ② ネクタイ 3,960円   ③ 時計 68,800円

→ _____円   → _____円   → _____円

🟡 가게 점원이 되어 문장을 완성해 봅시다.

あなた　어서 오세요. _____。

　　　　いま、_____ が とても _____！

お客　　え！いくらですか。

あなた　一つ _____ 円で、_____ で

　　　　_____ 円です。

お客　　安いですね。どうしようかな。

🟡 손님이 되어 문장을 완성해 봅시다.

あなた　これ、얼마입니까? _____。

店員　　一つ 1万2,300円です。セールですよ。

あなた　_____。

お客(さん) 손님　え 어(감탄사)　どうしようかな 어떻게 할까?, 어떻게 하지?

한자 마스터

● 한자를 따라 써 봅시다.

ひゃく 百	百		
せん 千	千		
まん 万	万		
えん 円	円		
ぜんぶ 全部	全部		
くうき 空気	空気		

일본 문화 즐기기

일본의 화폐

- **일본 화폐의 종류**

    일본 화폐의 단위는 엔(円 / YEN)이다. 현행 일본 화폐의 종류는 지폐로는 1,000엔권, 2,000엔권, 5,000엔권, 10,000엔권의 네 종류가 있으며, 동전으로는 1엔, 5엔, 10엔, 50엔, 100엔, 500엔의 여섯 종류가 있다. 현행 1,000엔권, 5,000엔권, 10,000엔권 지폐는 2004년도부터 새로 발행된 것이며, 2,000엔권은 2000년 새천년을 기념해서 발행된 것이다.

- **일본 화폐의 인물들**

    1,000엔권 앞면에 그려져 있는 인물은 노구치 히데요(野口英世, 1876~1928)라는 세균학자로 일본의 대표적인 위인 중의 한 사람이다. 노벨생리학상·의학상 후보에 세 번이나 이름이 오를 정도로 뛰어난 연구자였으나 아프리카 가나에서 황열병 연구 중 같은 병에 걸려 사망하였다.

    2,000엔권에는 다른 지폐와 달리 지폐 뒷면에 초상이 그려져 있는데, 그 인물은 일본의 독자적인 문화가 꽃피었던 헤이안 시대(平安時代, 794~1192)에 활약한 무라사키 시키부(紫式部, 970?~1019?)이다. 그녀가 쓴 『겐지 이야기(源氏物語)』는 일본이 자랑하는 불후의 명작으로 남아 있다.

    5,000엔권 앞면에 들어가 있는 인물은 히구치 이치요(樋口一葉, 1872~1896)이다. 일본 근대 초기의 소설가로 25세로 요절했다. 여성으로서 당시 여성들의 삶과 애환을 그려낸 여러 명작을 남겼다.

    10,000엔권 앞면에 들어간 인물은 후쿠자와 유키치(福沢諭吉, 1835~1901)로, 일본 근대 개화기의 계몽사상가이자 교육자이며 게이오 대학의 설립자이다. 대표적인 저술로 『학문의 권유(学問のすゝめ)』가 잘 알려져 있다.

7

引っ越し、大変ですね

학습목표

1_ な형용사의 활용: 명사 수식, 정중체, 정중체의 부정
2_ 조사「～が」의 용법 ②
3_ 조사「～に」의 용법
4_ 조사「～から」의 용법

○ 그림을 보면서 잘 듣고 말해 봅시다.

ハンサムだ 잘생기다　有名だ 유명하다

🟡 잘 듣고 다음과 같이 말해 봅시다. 🎧 97~98

1 A ＿＿＿＿＿は 何が 好きですか。 ＿＿＿＿은/는 무엇을 좋아합니까?
　　B ＿＿＿＿＿が 好きです。 ＿＿＿＿을/를 좋아합니다.

❶ 　❷ 　❸

2 A あなたの 町は ＿＿＿＿＿ですか。 당신의 동네는 ＿＿＿＿(합)니까?
　　B はい、とても ＿＿＿＿＿です。 네, 매우 ＿＿＿＿(합)니다.

❶ 　❷ 　❸

果物 과일　好きだ 좋아하다　スポーツ 운동, 스포츠　野球 야구　飲み物 음료수　町 동네, 도시　静かだ 조용하다
にぎやかだ 시끌벅적하다

회화 마스터

🌕 튜터인 와타나베 씨와 기숙사를 보러 가는 새리와 해리

ヘリ　宿舎は 静かな ところですか。

渡辺　商店街の 近くですから、少し にぎやかです。

でも 買い物には 便利ですよ。

あ、コーヒーは 好きですか。

セリ　はい、大好きです。

渡辺　宿舎の 前の カフェは とても 有名ですよ。

いつも 人が 多いです。ところで、引っ越し、大変ですね。

ヘリ　いいえ、あまり 大変では ありません。

セリ　荷物が 少ないですから。

- 본문 회화를 큰 소리로 읽어 봅시다.
  □ 천천히 읽기　□ 보통 읽기　□ 빠르게 읽기

- 다른 사람과 짝이 되어 함께 말해 봅시다.

宿舎 기숙사　ところ 곳, 장소　商店街 상점가　近く 근처　~から ~(하)기 때문에, ~(하)니까
買い物 물건 사기, 쇼핑　~には ~(하)기에는　便利だ 편리하다　大好きだ 아주 좋아하다　前 앞　カフェ 카페
いつも 언제나　ところで 그런데(화제 전환)　引っ越し 이사　大変だ 힘들다, 큰일이다　荷物 짐

문법 마스터

① な형용사 ~だ な 명사 ~한 ~(명사 수식)
な형용사 ~だ です ~(합)니다(긍정 정중체)
な형용사 ~だ では ありません
~(하)지 않습니다(부정 정중체)

な형용사는 「~な」의 형태로 명사를 수식하며 기본 형식은 어간에 「~だ」를 붙인다. 「きれい！(예뻐!)」와 같이 감탄을 나타낼 때는 「~だ」가 생략되는 경우도 있다.
な형용사는 거의 활용이 명사와 동일하다. 따라서 정중체를 만들 때도 명사와 똑같이 어간에 「~です」를 접속하고 부정문은 「~では(じゃ) ありません」을 붙인다.

A　あの 先生は 有名ですか。 저 선생님은 유명합니까?
B　はい、とても 有名な 先生です。
　　네, 아주 유명한 선생님입니다.

A　この アプリ、使い方は 簡単ですか。 이 앱 사용법은 간단합니까?
B　いいえ、あまり 簡単では ありません。 아니요, 그다지 간단하지 않습니다.

② ~が 好きです・きらいです
~을/를 좋아합니다・싫어합니다

일본어에서「好きだ・きらいだ」는 모두 な형용사에 속한다. 우리말에서는 '~을/를 좋아하다/싫어하다'와 같이 대상을 '~을/를'로 표시하지만 일본어에서「好きだ・きらいだ」의 대상은 「~が(이/가)」로 표시된다. 부정문의 경우에는 「~は 好きでは ありません / きらいでは ありません」과 같이 「~は」가 사용되는 경우가 많다.

A　にんじんは あまり 好きじゃ ありません。 당근은 별로 좋아하지 않습니다.
B　そうですか。私も にんじんが きらいです。 그렇습니까? 저도 당근이 싫습니다.

> **TIP** 「上手だ(잘하다) / 下手だ(못하다)」,「得意だ(잘하다) / 苦手だ(못하다)」도 모두 대상을 「~が(이/가)」로 나타내므로 기억해 두자.
>
> 料理が 上手だ・得意だ。 요리를 잘한다.
> 料理が 下手だ・苦手だ。 요리를 못한다.
>
> 「上手だ(잘하다) / 下手だ(못하다)」는 객관적으로 판단 가능할 때,「得意だ(잘하다) / 苦手だ(못하다)」는 주관적인 사실에 사용하는 경향이 있다.

❸ ~に ~에

「~に」는 격조사로서 여러 가지 의미와 용법을 가지고 있다. 형용사의 앞에 오는 경우에는 형용사가 나타내는 상태의 대상을 나타낸다.

- A 私の 趣味は ヨガです。 제 취미는 요가입니다.
- B そうですか。体に いいですね。 그렇습니까? 몸에 좋겠네요.

❹ ~から ~(하)니까, ~(하)기 때문에

「~から」는 종지형에 접속하여 원인이나 이유를 나타낸다.

- A 日本語の 勉強は 大変ですか。 일본어 공부는 힘듭니까?
- B いいえ、好きですから おもしろいです。 아니요, 좋아하니까 재미있습니다.

アプリ 애플리케이션(앱)　使い方 사용법　簡単だ 간단하다　にんじん 당근　きらいだ 싫어하다
上手だ 잘하다, 능숙하다　下手だ 못하다, 서툴다　得意だ 잘하다, 능숙하다　苦手だ 못하다, 서툴다　体 몸　勉強 공부

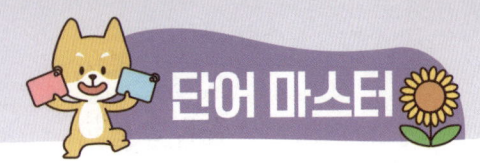

단어 마스터

🟡 성격이나 모습에 관한 단어입니다. 단어를 골라 빈칸에 넣고 회화를 완성해 봅시다.

A あの 人は ＿＿＿＿＿ ですね。 저 사람은 ＿＿＿＿＿(하)네요.

B そうですね。とても ＿＿＿＿ な 人ですね。 그래요. 아주 ＿＿＿(한) 사람이네요.

有名だ

きれいだ

親切だ

ハンサムだ

りっぱだ

変だ

元気だ

まじめだ

はでだ

きれいだ 예쁘다, 깨끗하다　　親切だ 친절하다　　りっぱだ 훌륭하다, 멋지다　　変だ 이상하다　　元気だ 건강하다, 활발하다
まじめだ 성실하다　　はでだ 화려하다

말하기 & 읽기 마스터

🟡 보기를 읽고 해석해 봅시다. 다음 밑줄 친 단어를 바꿔 말해 봅시다.

> 弟(おとうと)は 静(しず)かな 歌(うた)が 好(す)きです。

① 私(わたし) | 元気(げんき)だ | 人(ひと)
② 鈴木(すずき)さん | 静(しず)かだ | 町(まち)
③ キムさん | にぎやかだ | お店(みせ)

🟡 다음 글을 읽고 질문에 답해 봅시다.

> 私(わたし)の サークルの 先輩(せんぱい)は ハンサムな 人(ひと)です。とても まじめですから 成績(せいせき)も いいです。そして、サッカーも 上手(じょうず)です。私(わたし)は サッカーが あまり 上手(じょうず)では ありません。でも 大好(だいす)きです。

① サークルの 先輩(せんぱい)は どんな 人(ひと)ですか。
　_____

② 先輩(せんぱい)は サッカーが 下手(へた)ですか。
　_____

③ 「私(わたし)」は サッカーが きらいですか。
　_____

弟(おとうと) 남동생　歌(うた) 노래　お店(みせ) 가게　先輩(せんぱい) 선배　成績(せいせき) 성적　そして 그리고(순접)　どんな 어떤

쓰기 마스터

🟡 어떤 사람입니까? 소개해 주세요. 예문의 형식을 사용해서 보기와 같이 써 봅시다.

예문	형식
● 私の サークルの 先輩は きれいな 人です。	● 私の ＿＿＿＿＿＿は ＿＿＿＿＿＿な 人です。
● とても まじめですから、成績も いいです。	● ＿＿＿＿＿＿ですから、＿＿＿＿＿＿です。

1 先生

　　私の 先生は 잘생긴 사람 ＿＿＿＿＿＿ です。
　　話も 재미있기 때문에 ＿＿＿＿＿＿、
　　私は 日本語の 授業が 무척 좋아합니다 ＿＿＿＿＿＿。
　　そして、先生は 歌が 잘합니다 ＿＿＿＿＿＿。
　　韓国の 유명한 가수 ＿＿＿＿＿＿ に そっくりです。

2 友達

＿＿＿＿＿＿＿＿＿＿＿＿＿＿＿
＿＿＿＿＿＿＿＿＿＿＿＿＿＿＿
＿＿＿＿＿＿＿＿＿＿＿＿＿＿＿
＿＿＿＿＿＿＿＿＿＿＿＿＿＿＿
＿＿＿＿＿＿＿＿＿＿＿＿＿＿＿

한자 마스터

🟡 한자를 따라 써 봅시다.

おとうと 弟	弟		
まえ 前	前		
ゆうめい 有名	有名		
たいへん 大変	大変		
か　　もの 買い物	買い物		
だいす 大好き	大好き		

일본 문화 즐기기

일본에서 집 구하기

- 일본에서 집을 구할 때는 부동산 중개소(不動産屋)를 통하는 것이 일반적이다. 부동산 중개소를 직접 방문하거나 부동산 정보 사이트를 이용하여 임대 계약을 맺는다. 일본에서는 전세 제도가 없고 집세(家賃)는 일반적으로 월세로 지불하게 된다. 집을 계약할 때는 다음과 같은 비용이 필요하다.

  - 보증금(敷金) : 집세 체납이나 보수비가 발생했을 경우 이를 빼고 돌려받는다. 집세의 1~3개월분이 일반적이다.
  - 사례금(礼金) : 집주인에 대한 사례금으로 돌려받을 수 없다. 집세의 1, 2개월분이 일반적이며, 근래에는 사례금이 없는 경우도 있다.
  - 선납 집세(前家賃) : 다음 달분 집세를 미리 지불한다.
  - 중개 수수료(仲介手数料) : 부동산 중개소에 지불하는 수수료는 집세의 1개월분내의 금액이 일반적이다.

- 일본에서는 공동주택을 크게 아파트와 맨션으로 나눈다. 아파트라는 호칭은 한국과 달리 일반적으로 2~3층 이하의 목조, 철골 구조의 건물에 대해 쓰는 말이며, 맨션은 3층 이상의 철근 콘크리트 구조 건물을 말한다.

8

わあ、広くて きれい！

학습목표

1. い형용사의 중지형 「～くて」
2. な형용사의 중지형 「～で」
3. 조사 「～で」의 용법
4. 접속 조사 「～が」의 용법
5. 방향 「こちら・そちら・あちら・どちら」

🟡 그림을 보면서 잘 듣고 말해 봅시다.

部屋 방　広い 넓다

○ 잘 듣고 다음과 같이 말해 봅시다. 🎧 104~105

1 A この ＿＿＿＿＿ は どうですか。 이 ＿＿＿＿ 은/는 어떻습니까?

B ＿＿＿＿＿ くて ＿＿＿＿＿ ですよ。 ＿＿＿(하)고 ＿＿＿(합)니다.

2 A ＿＿＿＿＿ は どちらですか。 ＿＿＿＿ 은/는 어느 쪽(어디)입니까?

B ＿＿＿＿＿ です。 ＿＿＿＿ 입니다.

スーツケース 여행가방, 수트 케이스   ホテル 호텔   トイレ 화장실   あちら 저쪽   受付 접수   こちら 이쪽

- 기숙사 방을 구경하는 중인 해리와 새리

106〜108

渡辺: こちらが ヘリさんの 部屋で、こちらが セリさんの 部屋です。

セリ: わあ、広くて きれい！

ヘリ: いい 部屋ですね。でも、カーテンが ないですね。

渡辺: カーテンが 必要ですね。「インテリアABC」は どうですか。店員も 親切で、カーテンも 安いです。それに、新しくて 大きい お店ですから、カーテンの 種類も 多いです。

ヘリ: その お店は、宿舎から 遠いですか。

渡辺: 少し 遠いですが、自転車で ３０分ぐらいです。

- 본문 회화를 큰 소리로 읽어 봅시다.
  □ 천천히 읽기 □ 보통 읽기 □ 빠르게 읽기
- 다른 사람과 짝이 되어 함께 말해 봅시다.

カーテン 커튼   ない 없다   必要だ 필요하다   インテリア 인테리어   それに 게다가(첨가)   種類 종류
遠い 멀다   〜が 〜(이)지만, 〜(인)데   〜で 〜(으)로   〜ぐらい 〜정도

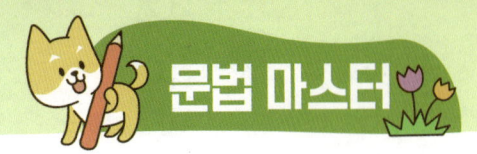

문법 마스터

① い형용사 ～い くて ~(하)고, ~(해)서(い형용사의 중지형)

「～て」는 병렬 관계를 나타내는 접속 조사로, 두 개 이상의 동사나 い형용사가 이어질 때 사용한다. い형용사는 기본형의 어미 い를 「～く」로 바꾸어 「～くて」 형태로 사용한다.

- A ここが 私の 部屋です。 여기가 제 방입니다.
- B 広くて きれいですね。 넓고 깨끗하네요.

- A ここの ランチ、有名ですか。 이곳의 런치 유명합니까?
- B はい、安くて おいしいですから、いつも 人が 多いです。
  네, 싸고 맛있기 때문에 언제나 사람이 많습니다.

② な형용사 ～だ で ~(하)고, ~(해)서(な형용사의 중지형)

「～で」는 병렬 관계를 나타내는 접속 조사 「～て」의 다른 형태이며, 두 개 이상의 명사나 な형용사를 연결할 때 사용한다. な형용사는 어간에 바로 「～で」를 붙인다.

- A キムさんは どんな 人ですか。 김 씨는 어떤 사람입니까?
- B とても まじめで、性格も いいです。 매우 성실하고 성격도 좋습니다.

- A 新しい スマートフォンですね。どうですか。 새 스마트폰이네요. 어떻습니까?
- B 使い方が 簡単で、デザインも いいです。 사용법이 간단하고 디자인도 좋습니다.

ここ 여기　性格 성격　スマートフォン 스마트폰

3 〜で 〜(으)로

「〜で」는 격조사로서 여러 가지 의미와 용법을 가지고 있는데, 여기서는 수단이나 방법을 의미한다.

- A 「Thank you」は 日本語で 何ですか。 'Thank you'는 일본어로 무엇입니까?
- B 「ありがとう」です。 '아리가토'입니다.

4 〜が 〜(인)데, 〜(이)지만

「〜が」는 접속 조사로서 종지형이나 문장 끝에 접속하여 역접의 의미를 나타낸다.

- A あの 人、日本語が 上手ですね。 저 사람 일본어를 잘하는군요.
- B 外国人ですが、発音も きれいですね。 외국인이지만 발음도 깨끗하네요.

5 こちら・そちら・あちら・どちら 이쪽・그쪽・저쪽・어느 쪽

「こ・そ・あ・ど」계열 중에서 방향을 나타낼 때는「こちら・そちら・あちら・どちら」를 사용한다.「どちら」는 기본적으로는 방향을 물어보는 의문사이지만, 정중하게 '장소'를 물을 때도 사용된다.

- A バス停は どちらですか。 버스 정류장은 어느 쪽입니까?
- B あちらです。 저쪽입니다.

- A 会議室は どちらですか。 회의실은 어디입니까?
- B 3階の トイレの 前です。 3층 화장실 앞입니다.

外国人 외국인   発音 발음   バス停 버스 정류장   会議室 회의실   3階 3층(さんかい로도 읽음)

🟡 가구와 가전에 관한 단어입니다. 단어를 골라 빈칸에 넣고 회화를 완성해 봅시다.

A あ、_____が ない。 아, _____이/가 없네.
B そうですね。_____が 必要ですね。 그러네요. _____가 필요하네요.

でんき 전기 特価 특가 最安値 최저가 テレビ 텔레비전 電子レンジ 전자레인지 ドライヤー 드라이어
冷蔵庫 냉장고 いす 의자 洗濯機 세탁기 テーブル 테이블, 탁자 机 책상 パソコン 퍼스널 컴퓨터

🟡 밑줄 친 단어를 바꿔 말해 봅시다.

> この パソコンは 便利ですが、少し 重いです。

① この トイレ ｜ 少し 狭い ｜ 新しくて きれいだ
② その カフェ ｜ コーヒーが おいしい ｜ とても 高い
③ あの スカート ｜ 色が 変だ ｜ デザインは いい

🟡 다음 글을 읽고 질문에 답해 봅시다.

> 私の 部屋は 静かで、家賃も 安いです。古くて 狭いですが、大学に 近いです。それに、テレビは 新しいです。でも、洗濯機と 冷蔵庫は 少し 古いです。私の パソコンは 大きくて 重いです。便利では ありませんから、新しい パソコンが 必要です。

① 部屋は 広いですか。

_____

② 部屋の 冷蔵庫は 古いですか。

_____

③ どうして 新しい パソコンが 必要ですか。

_____

狭い 좁다　家賃 집세　近い 가깝다　どうして 왜, 어째서

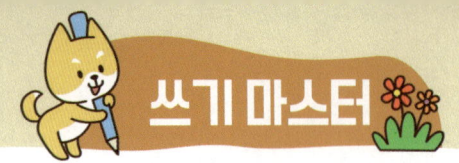

쓰기 마스터

🟡 어떤 곳입니까? 소개해 주세요. 예문의 형식을 사용해서 써 봅시다.

예문	형식
• 私の 部屋は 静かで 家賃も 安いです。 • 古くて 狭いですが、大学に 近いです。 • それに、テレビは 新しいです。	• 私の _____ は _____ くて / で _____ です。 • _____ ですが、_____ です。 • それに、_____ です。

1 あなたの 町は、どんな 町ですか。

　　私の 町は 과일이 유명하고 _____、
　　とても 조용합니다 _____。
　　東京から 멀지만 _____、食べ物が おいしいです。
　　それに、空気が 깨끗하기 때문에 _____、
　　몸에 좋습니다 _____。

2 あなたの 部屋は、どんな 部屋ですか。

空気 공기

한자 마스터

🟡 한자를 따라 써 봅시다.

つくえ 机	机		
へや 部屋	部屋		
はつおん 発音	発音		
しゅるい 種類	種類		
ひろ 広い	広い		
ちか 近い	近い		

일본 문화 즐기기

일본의 방 구조

- 일본 주택에서 방의 넓이를 말할 때는 일반적으로 '죠(畳 / 帖)'를 사용한다. 부동산 광고에서는 '帖'로 표기하는 일이 많다. 이는 다다미(畳) 1장의 넓이를 의미하는데, 다다미 크기는 지역에 따라 차이가 있지만 일반적으로 부동산업계에서는 1帖를 약 1.62㎡로 하고 있다. 이는 우리나라의 약 0.5평(坪)에 해당한다. 방은 보통 4.5帖(일반적으로 4帖半이라 부른다), 6帖, 8帖 등이 일반적이다.

- 다다미는 일본의 기후에 맞게 여름에는 시원하고 겨울에는 따뜻하다는 장점이 있다. 이는 다다미가 흡습과 방습, 단열과 보온에 뛰어나기 때문이다. 또 탄력성이 있어 안전하고 소리를 흡수하여 방음효과가 있다. 공기 정화 작용과 항균성이 있다는 장점도 있다.

- 일본의 방 종류는 다다미가 깔려 있는 일본식 방(和室/日本間)과 서양식 방(洋室/洋間)으로 나누어진다. 일본의 방 구조(間取り)는 부동산 광고에서 '1K' '2DK' '3LDK' 등으로 표시된다. 맨 앞 숫자는 침실 수이고 L은 거실(Living Room), D는 식당(Dining Room), K는 부엌(Kitchen)을 뜻한다. 예를 들어 3LDK로 '和6, 4.5, 洋8, DK6'라고 표시되어 있다면 '6帖와 4.5帖의 일본식 방(和室)과 8帖의 서양식 방(洋室), 6帖의 식당과 부엌이 딸려 있음을 말한다.

9

日本語が 難しくて 大変でした
(にほんご)　(むずか)
(たいへん)

학습목표

1_ 명사의 과거·과거부정「～でした・～では ありませんでした」
2_ な형용사의 과거·과거부정「～でした・～では ありませんでした」
3_ 원인·이유를 나타내는 い형용사와 な형용사의 중지형「～くて・～で」
4_ 달력 읽기

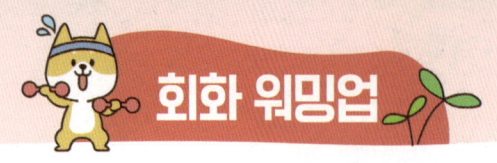

🟡 그림을 보면서 잘 듣고 말해 봅시다. 🎧110

なんにち	なのか
何日 며칠	7日 7일

○ 잘 듣고 다음과 같이 말해 봅시다. 111~112

1 A _____は _____でしたか。
      _____은/는 _____였습니까?

   B いいえ、_____でした。_____였습니다.

❶

❷

❸

2 A _____は _____ですか。
      _____은/는 _____입니까?

   B いいえ、あまり _____では ありません。
      아니요, 별로 _____(하)지 않았습니다.

❶

❷

❸

きのう   こうえん
昨日 어제   公園 공원   ～でしたか ~(였)습니까   ～でした ~(였)습니다

🟡 아이와 담소를 나누는 해리와 새리

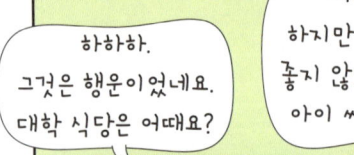

🎧 113~115

愛 　 4月 7日の オリエンテーションは どうでしたか。

ヘリ 　 私は 日本語が 難しくて、少し 大変でした。

愛 　 そうですか。セリさんは どうでしたか。

セリ 　 先生が かっこよくて、ラッキーでした。

愛 　 ははは。それは ラッキーでしたね。
　　　 大学の 食堂は どうですか。

セリ 　 安くて おいしいです。でも、今日の メニューは あまり 好きでは ありませんでした。やっぱり 私は 愛さんの 料理が 好きです！

愛 　 ありがとう。いよいよ 明日は 引っ越しですね。

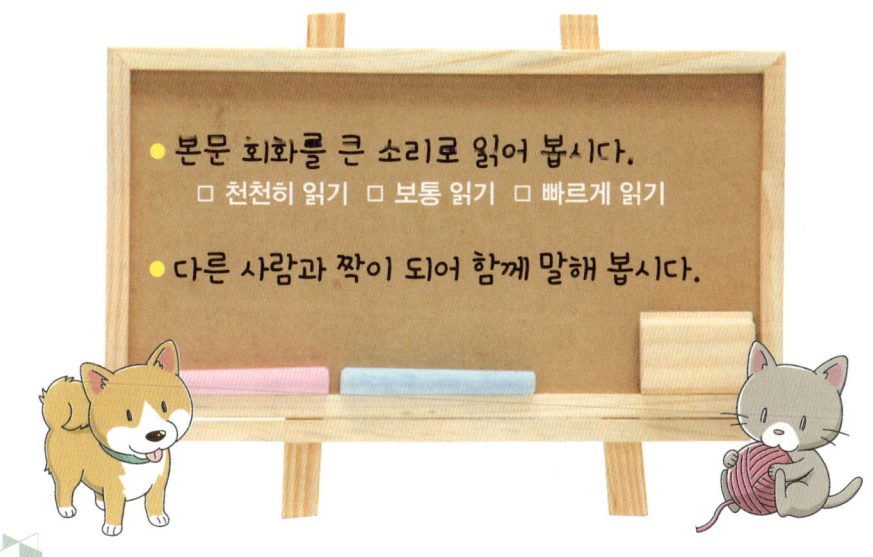

- 본문 회화를 큰 소리로 읽어 봅시다.
  □ 천천히 읽기　□ 보통 읽기　□ 빠르게 읽기

- 다른 사람과 짝이 되어 함께 말해 봅시다.

4月 4월　どうでしたか 어땠어요?　難しい 어렵다　かっこいい 멋지다　ラッキーだ 행운이다　食堂 식당
やっぱり 역시　メニュー 메뉴　いよいよ 드디어

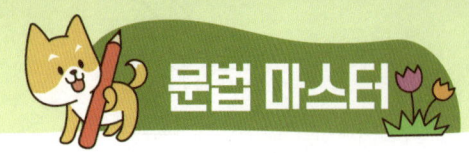

문법 마스터

1 명사 でした・では ありませんでした
~였습니다・~이/가 아니었습니다

명사의 과거 표현은 긍정문의 경우는 「~でした」를, 부정문의 경우는 「~では ありませんでした」를 사용한다.

A 今日(きょう)の メニューは トンカツでしたか。 오늘 메뉴는 돈가스였습니까?

B いいえ、トンカツでは ありませんでした。オムライスでした。
아니요, 돈가스가 아니었습니다. 오므라이스였습니다.

2 な형용사 ~だ でした・では ありませんでした
~였습니다・~이/가 아니었습니다

な형용사는 명사를 수식하는 용법 이외에 모든 활용이 기본적으로 명사와 동일하다. 따라서 과거형을 만들 때도 명사와 동일하게 な형용사(어간)에 「~でした・では ありませんでした」를 접속한다.

取引先(とりひきさき)との ミーティングは 少(すこ)し 大変(たいへん)でした。
거래처와의 미팅은 조금 힘들었습니다.

私(わたし)の 弟(おとうと)は 子(こ)どもの 時(とき)、病気(びょうき)で あまり 元気(げんき)では ありませんでしたが、今(いま)は 有名(ゆうめい)な 野球選手(やきゅうせんしゅ)です。
제 남동생은 어릴 때 병 때문에 그다지 건강하지 않았지만 지금은 유명한 야구선수입니다.

3 い형용사 ~い くて・な형용사 ~だ で ~(해)서

い형용사의 중지형 「~くて」와 な형용사의 중지형 「~で」는 병렬 이외에 원인과 이유를 나타내기도 한다. 우리말에서 병렬은 주로 '~(하)고'로 해석되고 원인이나 이유는 '~(해)서'로 해석된다.

引っ越しは 荷物が 多くて 大変でした。 이사는 짐이 많아서 힘들었습니다.

大学の 図書館は 静かで、とても いいです。
대학교 도서관은 조용해서 아주 좋습니다.

❹ 달력 읽기

일본에서는 '1월, 2월, 3월……'과 같이 '~월'은 「~月」로 읽는다. 일반적으로 '~일'은 「~日」로 읽지만 '1일~10일'까지는 읽는 음이 다르므로 주의하자.

A　オリエンテーションは いつでしたか。 오리엔테이션은 언제였습니까?
B　4月 1日でした。 4월 1일이었습니다.

A　誕生日は いつですか。 생일은 언제입니까?
B　誕生日は 9月 9日です。 생일은 9월 9일입니다.

いちがつ 1月	にがつ 2月	さんがつ 3月	しがつ 4月	ごがつ 5月	ろくがつ 6月
しちがつ 7月	はちがつ 8月	くがつ 9月	じゅうがつ 10月	じゅういちがつ 11月	じゅうにがつ 12月

ついたち 1日	ふつか 2日	みっか 3日	よっか 4日	いつか 5日	むいか 6日
なのか 7日	ようか 8日	ここのか 9日	とおか 10日	じゅういちにち 11日	じゅうににち 12日
じゅうさんにち 13日	じゅうよっか 14日	じゅうごにち 15日	じゅうろくにち 16日	じゅうしちにち 17日	じゅうはちにち 18日
じゅうくにち 19日	はつか 20日	にじゅういちにち 21日	にじゅうににち 22日	にじゅうさんにち 23日	にじゅうよっか 24日
にじゅうごにち 25日	にじゅうろくにち 26日	にじゅうしちにち 27日	にじゅうはちにち 28日	にじゅうくにち 29日	さんじゅうにち 30日
さんじゅういちにち 31日					

トンカツ 돈가스　オムライス 오므라이스　取引先 거래처　との ~와의　子ども 어린이, 아이　時 때
病気 병, 아픔　選手 선수　図書館 도서관　いつ 언제

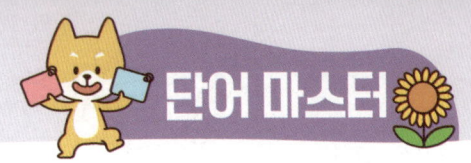

단어 마스터

🌕 기념일에 관한 단어입니다. 단어를 골라 빈칸에 넣고 회화를 완성해 봅시다.

A ＿＿＿＿＿＿は いつですか。 ＿＿＿는 언제입니까?

B (자유롭게) ＿＿＿月 ＿＿＿日です・でした。 ＿＿월 ＿＿일입니다・이었습니다.

たんじょうび
誕生日

しょうがつ
お正月

テスト

にゅうがくしき
入学式

けっこん き ねん び
結婚記念日

そつぎょうしき
卒業式

こ　　　　　ひ
子どもの日

ことし　　はは　ひ
(今年の) 母の日

ことし　　ちち　ひ
(今年の) 父の日

お〜 존경, 미화의 뜻을 나타내는 접두어　**正月**(しょうがつ) 정월(1월 1일), 설날　**入学式**(にゅうがくしき) 입학식　**結婚**(けっこん) 결혼　**記念日**(きねんび) 기념일
卒業式(そつぎょうしき) 졸업식　**子どもの日**(こどものひ) 어린이날　**今年**(ことし) 올해　**母の日**(ははのひ) 어머니날(5월 둘째 주 일요일)　**父の日**(ちちのひ) 아버지날(6월 셋째 주 일요일)

말하기 & 읽기 마스터

🟡 밑줄 친 단어를 바꿔 말해 봅시다.

> 昨日は 人が 多くて、静かでは ありませんでした。

① 仕事 | 忙しい | ひまだ
② 問題 | 多い | 簡単だ
③ 会議の 時間 | 短い | 大変だ

🟡 다음을 읽고 질문에 맞게 답해 봅시다.

> 私の 誕生日は 4月 7日です。今年の 4月 7日は、日本語の テストの 日でした。テストは 単語が 難しくて、大変でした。それで 4月 7日は あまり 元気では ありませんでした。
> 去年の 9月、私は 日本語が とても 下手でした。でも、今は 少し 上手です。先生が おもしろくて、日本語の 授業は 楽しいです。

① 誕生日は いつですか。
_____

② どうして 元気では ありませんでしたか。
_____

③ 今、日本語が 下手ですか。
_____

仕事 일, 업무　**忙しい** 바쁘다　**ひまだ** 한가하다　**問題** 문제　**単語** 단어　**それで** 그래서　**去年** 작년
楽しい 즐겁다

쓰기 마스터

○ 빈칸을 채워서 글을 완성해 봅시다.

1 이유를 생각해서 써 봅시다.

① 4月 10日は 入学式で 사람이 많아서 ＿＿＿＿＿＿＿、
大学は 시끌벅적했습니다 ＿＿＿＿＿＿＿。

② 昨日は ＿＿＿＿＿＿＿（くて / で）、＿＿＿＿＿＿＿が
きれいでした。

③ ＿＿＿＿＿＿＿（日）は ＿＿＿＿＿＿＿（くて / で）、
ひまでは ありませんでした。

2 변화에 대해서 써 봅시다.

① 私は スポーツが 좋아하지 않았습니다 ＿＿＿＿＿＿＿。でも 今は、
서툴지만 ＿＿＿＿＿＿＿、테니스를 좋아합니다 ＿＿＿＿＿＿＿。

② 去年の ＿＿＿＿＿＿＿月、＿＿＿＿＿＿＿は
＿＿＿＿＿＿＿でした。でも 今は ＿＿＿＿＿＿＿。

③ 10年前、私は ＿＿＿＿＿＿＿。
でも 今は ＿＿＿＿＿＿＿。

한자 마스터

🟡 한자를 따라 써 봅시다.

しごと 仕事	仕事		
しょくどう 食堂	食堂		
びょうき 病気	病気		
しょうがつ 正月	正月		
むずか 難しい	難しい		
きねんび 記念日	記念日		

일본 문화 즐기기

대학교 학생식당(学食^{がくしょく})

- 일본의 대학교 학생식당을 보통 줄여서 '학식(学食)'이라고 부른다. 학식에서는 500~600엔 이하의 저렴한 가격으로 일식, 중식, 양식, 패스트푸드 등 다양한 메뉴를 제공한다. 일반적인 인기 메뉴와 함께, 학교마다 특징적인 명물 메뉴를 내놓기도 한다. 학생들은 먹고 싶은 음식이나 반찬을 식권 판매기에서 구매하여 각 코너에서 받거나, 주식과 반찬, 디저트 등을 골라 담아 계산대에서 계산한다. 요즘에는 한 접시에 여러 요리를 담아 즐기는 뷔페식 식당을 도입하는 학교도 늘고 있다. 메뉴는 각종 단품 메뉴와 함께 정식, 세트 메뉴 등이 마련되어 있다.

- 일본인들은 면류를 좋아해서 다양한 맛의 우동(うどん), 소바(そば), 라면(ラーメン), 스파게티(スパゲティ) 메뉴가 마련되어 있다. 또 대표적인 국민 음식인 카레라이스(カレーライス)도 인기 메뉴이다. 돈가스 카레(カツカレー)를 비롯한 다양한 종류의 카레라이스 메뉴가 준비되어 있으며, 오무라이스(オムライス) 또한 인기가 있다. 돈가스 덮밥(カツ丼), 닭고기 계란 덮밥(親子丼), 불고기 덮밥(焼肉丼) 등의 덮밥(丼)류, 햄버그스테이크(ハンバーグ), 닭튀김정식(からあげ定食), 꽁치, 고등어 등의 생선구이정식(焼魚定食)들도 빼놓을 수 없는 인기 메뉴이다. 그리고 매일 메뉴가 바뀌는 일일정식(日替わり定食)도 학생들이 즐겨 찾는 메뉴 중 하나이다.

10

ビールも 料理も おいしかったです

학습목표

1_ い형용사의 과거 「〜かったです」
2_ い형용사의 과거 부정 「〜く ありませんでした」
3_ 요일 읽기

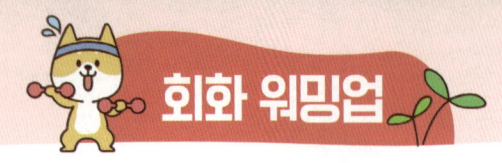

○ 그림을 보면서 잘 듣고 말해 봅시다.

花見 꽃놀이, 꽃구경   桜 벚꽃   よかったですね 좋았겠군요, 좋았겠네요

🟡 잘 듣고 다음과 같이 말해 봅시다. 🎧 118~119

1 A ＿＿＿＿＿＿は どうでしたか。 ＿＿＿＿은/는 어땠습니까?
   B とても ＿＿＿＿＿＿。 매우 ＿＿＿＿＿.

❶  ❷  ❸ (커피 바리스타 사진)

2 A ＿＿＿＿＿は ＿＿＿＿＿ですか。
   ＿＿＿＿은/는 ＿＿＿＿(했)습니까?
   B いいえ、あまり ＿＿＿＿＿＿。 아니요, 별로 ＿＿＿＿＿.

❶  ❷  ❸

ハワイ 하와이　寒(さむ)い 춥다　会話(かいわ) 회화　試験(しけん) 시험

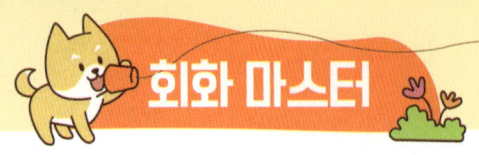

● 와타나베 씨와 이야기하고 있는 해리와 새리

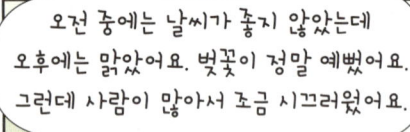

🎧 120〜122

渡辺　週末は どうでしたか。

ヘリ　土曜日は 引っ越しで 忙しかったです。

セリ　日曜日は お花見でした。

渡辺　お花見は どうでしたか。

ヘリ　午前中は 天気が よく なかったですが、午後は 晴れでした。桜が 本当に きれいでした。

　　　でも、人が 多くて 少し うるさかったです。

セリ　お花見は 初めてでしたが、にぎやかで よかったです。

　　　ビールも 料理も おいしかったです。

渡辺　それは よかったですね。ぼくは 一日中 アルバイトでした。

● 본문 회화를 큰 소리로 읽어 봅시다.
　□ 천천히 읽기　□ 보통 읽기　□ 빠르게 읽기

● 다른 사람과 짝이 되어 함께 말해 봅시다.

週末 주말　土曜日 토요일　日曜日 일요일　午前中 오전 중　天気 날씨　晴れ 맑음　本当に 정말로
うるさい 시끄럽다　ビール 맥주　ぼく 나(남자)　一日中 하루 종일

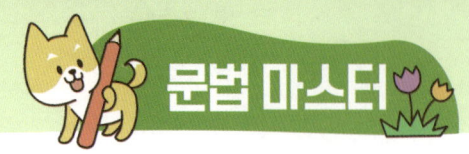

문법 마스터

❶ い형용사 ~い　かったです　~(했)습니다

い형용사의 과거 표현은 어미「~い」를「~かった」로 바꾼 뒤 정중체를 나타내는「です」를 붙인다.

- A　レストランの アルバイト、どうでしたか。 레스토랑 아르바이트 어땠습니까?
- B　お客(きゃく)さんが 多(おお)くて とても 忙(いそが)しかったです。 손님이 많아서 무척 바빴습니다.
- A　昨日(きのう)の 映画(えいが)は どうでしたか。 어제 영화는 어땠습니까?
- B　少(すこ)し 怖(こわ)かったですが、とても おもしろかったです。
  조금 무서웠지만 아주 재미있었습니다.

> **TIP** 「いい(좋다)」의 과거표현은「よかった」와 같이 어간이「い」에서「よ」로 바뀐다.

❷ い형용사 ~い　く ありませんでした
　　　　　　　　く なかったです　~(하)지 않았습니다

い형용사의 과거 부정 표현에는 두 종류가 있다. 하나는「~く ありませんでした」이다. い형용사의 정중체 부정 표현「~く ありません」에 과거형「でした」를 붙인다. 또 하나는「~く なかったです」이다. 보통체 부정 표현인「~く ない」를 과거형인「~く なかった」로 바꾸고 거기에 정중체를 나타내는「です」를 붙인다.

- A　あの 店(みせ)の セール、どうでしたか。安(やす)かったですか。
  그 가게 세일, 어땠습니까? 저렴했습니까?
- B　いいえ、あまり 安(やす)く ありませんでした。 아니요, 별로 싸지 않았습니다.

映画(えいが) 영화　　怖(こわ)い 무섭다

A 昨日の 合コンは どうでしたか。 어제 미팅은 어땠습니까?

B 話が まじめで、あまり 楽しく なかったです。
이야기가 진지해서 별로 즐겁지 않았습니다.

> TIP 「いい(좋다)」의 부정 표현은 「よく ありませんでした / よく なかったです」와 같이 어간이 「よ」로 바뀐다.

❸ 요일

일본어에서 요일을 말할 때는 '월, 화, 수, 목, 금, 토, 일'의 한자음에 「〜曜日」를 붙인다. 회화체에서는 마지막의 「〜日」를 떼고 「月曜、火曜、水曜……」와 같이 말하는 경우도 많다.

A 今日は 何曜日ですか。 오늘은 무슨 요일입니까?

B 木曜日です。 목요일입니다.

A 中間テストは いつからですか。 중간 시험은 언제부터입니까?

B 来週の 水曜日からです。 다음 주 수요일부터입니다.

월요일	화요일	수요일	목요일	금요일	토요일	일요일
げつようび 月曜日	かようび 火曜日	すいようび 水曜日	もくようび 木曜日	きんようび 金曜日	どようび 土曜日	にちようび 日曜日

合コン 남녀가 여럿이서 친목을 도모하는 모임   何曜日 무슨 요일   中間テスト 중간 테스트, 중간 시험   来週 다음 주

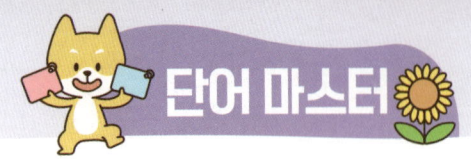

단어 마스터

🌕 날씨에 관한 단어입니다. 단어를 골라 빈칸에 넣고 회화를 완성해 봅시다.

A ＿＿＿＿＿の 天気は どうでしたか。 ＿＿＿ 날씨는 어땠습니까?
B ＿＿＿＿＿でした。 ＿＿＿ 였습니다.

月曜日・晴れ

火曜日・曇り

水曜日・晴れ時々曇り

木曜日・雨

金曜日・曇り時々雨

土曜日・雨のち晴れ

日曜日・雪

昨日・雪のち雨

先週末・台風

曇り 흐림　時々 때때로　雨 비　〜のち 〜후, 〜뒤　雪 눈　先週末 지난 주말　台風 태풍

말하기 & 읽기 마스터

🟡 밑줄 친 단어를 바꿔 말해 봅시다.

> この 料理は 色が 赤かったですが、あまり 辛く ありませんでした。

① この ホテル ｜ 部屋が 新しい ｜ 広い
② その ジャケット ｜ デザインが いい ｜ 安い
③ あの ケーキ ｜ クリームが 多い ｜ 甘い

🟡 다음을 읽고 질문에 맞게 답해 봅시다.

> 先週の 土曜日は デートでした。
> 映画は 感動的で、とても おもしろかったです。ランチの パスタは トマトの ソースが おいしかったです。でも、スープは あまり おいしく ありませんでした。公園は 広くて、桜が きれいでした。天気が よかったですから、一日中、寒く ありませんでした。デートは 本当に 楽しかったです。

① 映画は どうでしたか。
_____

② ランチは どうでしたか。
_____

③ デートは つまらなかったですか。
_____

ジャケット 재킷, 외투　　感動的だ 감동적이다　　つまらない 재미없다, 지루하다

쓰기 마스터

🟡 **예문의 형식을 사용해서 써 봅시다.**

예문

4月 19日 月曜日
(しがつ じゅうくにち げつようび)

今日の 天気は 雨のち曇りで、午前中は 少し 寒かったです。授業は 楽しかったですが、試験が とても 難しかったです。食堂の ランチは オムライスでしたから、本当に おいしかったです。でも デザートの ケーキは あまり 甘く ありませんでした。>_<;

1

4月 24日 日曜日
(しがつ にじゅうよっか にちようび)

① 今日の 天気は <u>맑음 때때로 흐림 _____</u> で、
   あまり <u>춥지 않았습니다 _____</u>。

② 日本語の 授業は <u>어렵지 않았습니다만 _____</u>、
   宿題が <u>많았습니다 _____</u>。

③ カフェの アルバイトは、人が 少なくて
   あまり <u>바쁘지 않았습니다 _____</u>。

2

　　　月　　日

한자 마스터

🟡 한자를 따라 써 봅시다.

しゅうまつ 週末	週末		
はなみ 花見	花見		
しけん 試験	試験		
てんき 天気	天気		
は 晴れ	晴れ		
ほんとう 本当	本当		

일본 문화 즐기기

벚꽃놀이(花見)
はな み

- 벚꽃(桜)은 일본인이 가장 좋아하는 꽃이다. 일본인의 벚꽃 사랑은 그 옛날 헤이안시대(平安時代, 794~1192)에까지 거슬러 올라간다. 이 시기의 일본은 중국과 한반도 문화의 영향에서 차츰 벗어나 고유의 문화를 형성하고 숙성시켜 나가는데, 꽃에 대한 미의식도 중국식의 매화에서 벚꽃을 제일로 여기는 식으로 바뀌게 된다. 화려하게 피고 허무하게 지는 벚꽃의 모습에 인간의 삶을 투영시켜 그 아름다움에 매료되었  던 것이다. 벚꽃놀이 풍습은 헤이안 귀족사회와 중세 무가사회를 거쳐 에도시대(江戸時代, 1603~1868)에 이르러 서민층에 널리 퍼지게 된다. 오늘날의 대표적인 벚꽃 명소 우에노 공원(上野公園)의 벚꽃도 이때 조성된 것이었다.

- 벚꽃놀이 시즌이 되면 벚꽃놀이를 즐기려는 사람들로 일본 전체가 들썩인다. 벚꽃 명소는 인산인해를 이루고, 곳곳에서 치열한 자리 잡기 경쟁이 벌어지기도 한다. 각종 대중매체에서는 전국 각지의 벚꽃놀이 명소 등, 벚꽃놀이 정보가 넘쳐나고, 기상청에서는 각 지역의 벚꽃 개화 예상일을 알리는 소위 '벚꽃전선(桜前線)'을 발표한다.

- 벚꽃놀이는 가족, 친구, 회사 동료 등과 함께 벚꽃을 감상하면서 음식과 술을 나누며 우애와 친목을 다지고 일상의 스트레스를 푸는 귀중한 기회이며, 일본인에게 없어서는 안 되는 중요한 풍습이다.

# 부록

- 스크립트 및 모범 답안
- 문법 찾아보기
- 단어 찾아보기

스크립트 및 모범 답안

1 はじめまして

회화 워밍업

F 처음 뵙겠습니다. 김해리입니다. 잘 부탁합니다.
M 처음 뵙겠습니다. 케빈 브라운입니다. 잘 부탁합니다.

1 ① A お名前は？성함은요?
　B キム・セリです。김새리입니다.
② A お名前は？성함은요?
　B 山田ななです。
③ A お名前は？성함은요?
　B ケビン・ブラウンです。케빈 브라운입니다.

2 ① A 出身は どこですか。어디 출신이세요?
　B ソウルです。서울입니다.
② A 出身は どこですか。어디 출신이세요?
　B 東京です。도쿄입니다.
③ A 出身は どこですか。어디 출신이세요?
　B ニューヨークです。뉴욕입니다.

단어 마스터

A 趣味は 何ですか。
B ゲームです。
　旅行です。
　カラオケです。
　写真です。
　ショッピングです。
　サッカーです。
　映画鑑賞です。
　ヨガです。
　料理です。

말하기 & 읽기 마스터

처음 뵙겠습니다. 저는 김새리입니다. 한국에서 왔습니다. 서울 출신입니다. 취미는 테니스입니다. 잘 부탁드립니다.

① はじめまして。私は キム・ミンスです。韓国から 来ました。プサン 出身です。趣味は 料理です。どうぞ よろしく お願いします。
② はじめまして。私は 山田ななです。日本から 来ました。北海道 出身です。趣味は ヨガです。どうぞ よろしく お願いします。
③ はじめまして。私は ケビン・ブラウンです。アメリカから 来ました。ニューヨーク 出身です。趣味は 読書です。どうぞ よろしく お願いします。

처음 뵙겠습니다. 다나카 미사키입니다. 취미는 쇼핑입니다. 도쿄 출신입니다. 잘 부탁드립니다.

① A
② B
③ C

쓰기 마스터

1 イ・ミナです。プサン 出身です。
　趣味は カラオケです。

※ 국내 주요 도시: 인천(インチョン), 대구(テグ), 대전(テジョン), 광주(クァンジュ), 울산(ウルサン)

2 何時からですか。

회화 워밍업

1. ① A 電話番号は？전화번호는요?
   B 03-1234-5678(ゼロさんの いちにー さんよんの ごーろくななはち)です。
   03-1234-5678입니다.
   ② A 電話番号は？전화번호는요?
   B 119(いちいちきゅう)です。 119입니다.
   ③ A 電話番号は？전화번호는요?
   B 06-9876-4321(ゼロろくの きゅうはち なな ろくの よんさんにーいち)です。
   06-9876-4321입니다.

※ 전화번호를 말할 때 2(に)와 5(ご)는 리듬을 맞추기 위해 길게 발음한다.

2. ① A 今 何時ですか。지금 몇 시입니까?
   B 3時です。 3시입니다.
   ② A 今 何時ですか。지금 몇 시입니까?
   B 9時です。 9시입니다.
   ③ A 今 何時ですか。지금 몇 시입니까?
   B 12時です。 12시입니다.

단어 마스터

A 授業は 何時からですか。
B 9時からです。

A ミーティングは 何時からですか。
B 10時からです。

A デートは 何時からですか。
B 11時からです。

A ランチは 何時からですか。
B 12時からです。

A テストは 何時からですか。
B 14時(2時)からです。

A アルバイトは 何時からですか。
B 15時(3時)からです。

A サークルは 何時からですか。
B 16時(4時)からです。

A 夕食は 何時からですか。
B 18時(6時)からです。

A 飲み会は 何時からですか。
B 19時(7時)からです。

말하기 & 읽기 마스터

> 대학 오리엔테이션은 내일입니다.
> 오전 9시 반부터 11시 반까지입니다.

① 学校の テストは あしたです。
   午前 10時から 12時 半までです。
② 日本語の 授業は あしたです。
   午前 9時から 午後 5時までです。
③ クラスの ミーティングは あしたです。
   午後 4時 半から 午後 6時までです。

> AM 10:00 ~ PM 9:30
> * 런치(점심식사) AM 11:30~PM 2:30
> * TEL 0420-58-8176

① 0420-58-8176(ゼロよんにーゼロの ごーはちの はちいちななろく)です。
② 午前10時から 午後9時 半までです。
③ (ランチの 時間は) 11時 半から 2時 半までです。

스크립트 및 모범 답안

쓰기 마스터

1 ①（ランチは）12時 半から 1時までです。
　②（午後の 授業は）午後 1時から 午後 3時 半までです。
　③（サークルは）午後 4時から 午後 6時までです。

3 これ、どうぞ

회화 워밍업

M 드세요.
F 고마워요.
M 앉으세요.
F 고맙습니다.

1 ① A それは 何ですか。 그것은 무엇입니까?
　　 B 本です。 책입니다.
　② A それは 何ですか。 그것은 무엇입니까?
　　 B コーヒーです。 커피입니다.
　③ A それは 何ですか。 그것은 무엇입니까?
　　 B ボールペンです。 볼펜입니다.

2 ① A それは 本ですか。 그것은 책입니까?
　　 B いいえ、これは 本では ありません。
　　　아니요, 이것은 책이 아닙니다.
　② A それは コーヒーですか。
　　　그것은 커피입니까?
　　 B いいえ、これは コーヒーでは ありません。 아니요, 이것은 커피가 아닙니다.
　③ A それは ボールペンですか。
　　　그것은 볼펜입니까?
　　 B いいえ、これは ボールペンでは ありません。 아니요, 이것은 볼펜이 아닙니다.

단어 마스터

A これ、どうぞ。
B ありがとう。これは 何ですか。
A ネクタイです。

A これ、どうぞ。
B ありがとう。これは 何ですか。
A 時計です。

A これ、どうぞ。
B ありがとう。これは 何ですか。
A 財布です。

A これ、どうぞ。
B ありがとう。これは 何ですか。
A ハンカチです。

A これ、どうぞ。
B ありがとう。これは 何ですか。
A 香水です。

A これ、どうぞ。
B ありがとう。これは 何ですか。
A チョコレートです。

A これ、どうぞ。
B ありがとう。これは 何ですか。
A ケーキです。

A これ、どうぞ。
B ありがとう。これは 何ですか。
A スカーフです。

A これ、どうぞ。
B ありがとう。これは 何ですか。
A 化粧品です。

말하기&읽기 마스터

이것은 일본 차가 아닙니다. 한국 차입니다.

① 私は ソウル出身では ありません。テグ出身です。
② ミーティングは 午前 10時からでは ありません。午後 3時からです。
③ あれは キムさんの かばんでは ありません。田中さんの かばんです。

이것은 선물입니다. 그것은 선물이 아닙니다. 저것은 선물입니다. 이것은 시계가 아닙니다. 그것은 지갑입니다. 저것은 손수건입니다.

① A, C
② C
③ B

쓰기 마스터

1 ① はい、プレゼントです。
  ② いいえ。(これは) ゆず茶では ありません。
  ③ これは 香水です。

2 ① いいえ、(あれは) ゆず茶では ありません。
  ② いいえ、ゆずジャムでは ありません。
  ③ あれは キウイジャムです。

4 いい におい

회화 워밍업

F 좋은 냄새!
M 어때?
F 맛있어.

1 ① A どうですか。어때요?
    B いいです。좋습니다.

② A どうですか。어때요?
  B おいしいです。맛있습니다.
③ A どうですか。어때요?
  B あついです。덥습니다.

2 ① A それは 何ですか。그것은 무엇입니까?
    B これは 本で、これは ノートです。
    이것은 책이고 이것은 노트예요.
  ② A それは 何ですか。그것은 무엇입니까?
    B これは コーヒーで、これは 紅茶です。
    이것은 커피이고, 이것은 홍차예요.
  ③ A それは 何ですか。그것은 무엇입니까?
    B これは ボールペンで、これは シャープペンです。
    이것은 볼펜이고 이것은 샤프펜슬이에요.

단어 마스터

A 味は どうですか。
B とても すっぱいです。

A 味は どうですか。
B とても 甘いです。

A 味は どうですか。
B とても 辛いです。

A 味は どうですか。
B とても 苦いです。

A 味は どうですか。
B とても 塩辛いです。

A 味は どうですか。
B とても うすいです。

A 味は どうですか。
B とても 濃いです。

A 味は どうですか。
B とても まずいです。

스크립트 및 모범 답안

A 味は どうですか。
B とても あぶらっこいです。

말하기 & 읽기 마스터

> 이것은 무척 맛있습니다. 맛있는 샐러드입니다.

① これは とても 辛いです。
　辛い インドカレーです。
② これは とても すっぱいです。
　すっぱい みかんです。
③ これは とても 濃いです。
　濃い コーヒーです。

> 샐러드 소스는 십니다.
> 파스타는 맵습니다. 스프는 짭니다.
> 케이크는 답니다. 커피는 싱겁습니다.

① サラダの ソースは すっぱいです。
② コーヒーは うすいです。
③ 塩辛い 料理は スープです。

쓰기 마스터

1 ① これは チョコケーキです。
　② はい、甘いです。
　③ いいえ。すっぱい 食べ物では ありません。

2 ① トッポギは 少し 甘い(辛い)です
　　トッポギは 少し 甘い(辛い) 料理です。
　② キムチチゲは 辛いです。
　　キムチチゲは 辛い 料理です。
　③ サムギョプサルは あぶらっこいです。
　　サムギョプサルは あぶらっこい 料理です。

5 この 自転車は どうですか。

회화 워밍업

F1 어느 구두가 좋나요?
F2 이 구두가 좋아요.

1 ① A 木村さんも 学生ですか。
　　　기무라 씨도 학생입니까?
　　B いいえ、木村さんは 会社員です。
　　　아니요, 기무라 씨는 회사원입니다.
　② A ケビンさんも 会社員ですか。
　　　케빈 씨도 회사원입니까?
　　B いいえ、ケビンさんは 先生です。
　　　아니요, 케빈 씨는 선생님입니다.
　③ A 鈴木さんも 先生ですか。
　　　스즈키 씨도 선생님입니까?
　　B いいえ、鈴木さんは 学生です。
　　　아니요, 스즈키 씨는 학생입니다.

2 ① A クリスマスプレゼントは 何が いいですか。크리스마스 선물은 무엇이 좋습니까?
　　B ブローチが いいです。브로치가 좋습니다.
　② A 食後の デザートは 何が いいですか。
　　　식후 디저트는 무엇이 좋습니까?
　　B チーズケーキが いいです。
　　　치즈케이크가 좋습니다.
　③ A 韓国の お土産は 何が いいですか。
　　　한국 여행 선물은 무엇이 좋습니까?
　　B のりが いいです。김이 좋습니다.

단어 마스터

A どれが いいかな。
B この 黒い カーディガンは どう?

A どれが いいかな。
B この 青い ブラウスは どう?

A どれが いいかな。
B この 安い ズボンは どう？

A どれが いいかな。
B この 白い Tシャツは どう？

A どれが いいかな。
B この 赤い ワンピースは どう？

A どれが いいかな。
B この 短い 靴下は どう？

A どれが いいかな。
B この 長い スカートは どう？

A どれが いいかな。
B この 小さい ブローチは どう？

A どれが いいかな。
B この 大きい かばんは どう？

② いいえ、白い スカートは 長く ありません。
少し 短いです。
③ (色が いい スカートは) 青色です。

쓰기 마스터

1 ① ・はい、安いです。
　　・いいえ、安く ありません。
　　 (とても / 少し) 高いです。
② ・はい、大きいです。
　　・いいえ、大きく ありません。
　　 (とても / 少し) 小さいです。

2 ① いいえ、短く ありません。長いです。
② いいえ、少なく ありません。少し 多いです。

말하기 & 읽기 마스터

이 책, 비싸지 않네요. 아, 하지만 조금 낡았군요.

① この かばん、重く ありませんね。
あ、でも、少し 小さいですね。
② この りんご、赤く ありませんね。
あ、でも、とても 安いですね。
③ あの 自転車、新しく ありませんね。
あ、でも、とても いいですね。

이 검은 치마는 세일입니다. 저렴해요. 아, 하지만 사이즈가 좀 크네요. 저 하얀 치마는 조금 짧습니다. 하지만 귀여워요. 음, 비쌉니까? 그러면 그 파란 치마는 어떤가요? 색이 무척 괜찮아요. 그다지 비싸지 않고요.

① いいえ、黒い スカートは 高く ありません。
安いです。

6 一つ ください。

회화 워밍업

1 ① A いらっしゃいませ。 어서 오세요.
B ホットコーヒー ください。
따뜻한 커피 주세요.
② A いらっしゃいませ。 어서 오세요.
B チョコアイス ください。
초콜릿 아이스크림 주세요.
③ A いらっしゃいませ。 어서 오세요.
B チーズバーガー ください。 치즈버거 주세요.

2 ① A いくらですか。 얼마입니까?
B 1,300円です。 1,300엔입니다.
② A いくらですか。 얼마입니까?
B 13,800円です。 13,800엔입니다.

스크립트 및 모범 답안

③ A いくらですか。얼마입니까?
B 28,900円です。28,900엔입니다.

단어 마스터

A セールですよ。とても おいしいですよ。
B じゃあ、この メロン、一つ ください。

A セールですよ。とても おいしいですよ。
B じゃあ、この すいか、二つ ください。

A セールですよ。とても おいしいですよ。
B じゃあ、この 梨、三つ ください。

A セールですよ。とても おいしいですよ。
B じゃあ、この マンゴー、四つ ください。

A セールですよ。とても おいしいですよ。
B じゃあ、この みかん、五つ ください。

A セールですよ。とても おいしいですよ。
B じゃあ、この 桃、六つ ください。

A セールですよ。とても おいしいですよ。
B じゃあ、この キウイ、七つ ください。

A セールですよ。とても おいしいですよ。
B じゃあ、この りんご、八つ ください。

A セールですよ。とても おいしいですよ。
B じゃあ、この かき、九つ ください。

말하기 & 읽기 마스터

이 잼은 하나에 690엔입니다. 두 개 합해서 1,380엔 입니다.

① この スカーフは 一つ 3,490円です。
セールで 三つで 9,550円です。
② その 万年筆は 一つ 2万4,900円です。
消費税込みで 2万6,892円です。

③ あの 財布は 一つ 7万1,600円です。
20％OFFで 5万7,280円です。

※ 일본의 소비세는 2014년 4월 이후 현재(2017년 기준) 8%입니다. 앞으로 10%가 될 예정입니다.

키위는 하나에 110엔입니다. 하지만 세 개에 290엔 입니다. 귤은 네 개에 230엔입니다. 멜론은 하나에 1,850엔입니다. 망고는 하나에 370엔입니다.

① 全部で 710円です。
② 全部で 5,840円です。
③ おつりは 4,160円です。

쓰기 마스터

🟡

① ごひゃくよんじゅう
② さんぜんきゅうひゃくろくじゅう
③ ろくまんはっせんはっぴゃく

🟡

あなた いらっしゃいませ。いま、(자유롭게)が とても 安いですよ！
お客 え！いくらですか。
あなた 一つ (자유롭게)円で、(자유롭게) で (자유롭게)円です。
お客 安いですね。どうしようかな。

🟡

あなた これ、いくらですか。
店員 一つ 1万2,300円です。セールですよ。
あなた 高いですね / 安いですね。どうしようかな。

7 引っ越し、大変ですね。

회화 워밍업

F 저 잘생긴 사람 누구입니까?
M 한국의 유명한 가수예요.

1 ① A 果物は 何が 好きですか。
　　　과일은 무엇을 좋아합니까?
　　B りんごが 好きです。 사과를 좋아합니다.
② A スポーツは 何が 好きですか。
　　스포츠는 무엇을 좋아합니까?
　　B 野球が 好きです。 야구를 좋아합니다.
③ A 飲み物は 何が 好きですか。
　　음료는 무엇을 좋아합니까?
　　B コーヒーが 好きです。 커피를 좋아합니다.

2 ① A あなたの 町は 静かですか。
　　　당신의 동네는 조용합니까?
　　B はい、とても 静かです。 네, 매우 조용합니다.
② A あなたの 町は にぎやかですか。
　　당신의 동네는 시끌벅적합니까?
　　B はい、とても にぎやかです。
　　네, 매우 시끌벅적합니다.
③ A あなたの 町は 有名ですか。
　　당신의 동네는 유명합니까?
　　B はい、とても 有名です。 네, 매우 유명합니다.

단어 마스터

A あの 人は 有名ですね。
B そうですね。とても 有名な 人ですね。

A あの 人は きれいですね。
B そうですね。とても きれいな 人ですね。

A あの 人は 親切ですね。
B そうですね。とても 親切な 人ですね。

A あの 人は ハンサムですね。
B そうですね。とても ハンサムな 人ですね。

A あの 人は りっぱですね。
B そうですね。とても りっぱな 人ですね。

A あの 人は 変ですね。
B そうですね。とても 変な 人ですね。

A あの 人は 元気ですね。
B そうですね。とても 元気な 人ですね。

A あの 人は まじめですね。
B そうですね。とても まじめな 人ですね。

A あの 人は はでですね。
B そうですね。とても はでな 人ですね。

말하기 & 읽기 마스터

남동생은 조용한 노래를 좋아합니다.

① 私は 元気な 人が 好きです。
② 鈴木さんは 静かな 町が 好きです。
③ キムさんは にぎやかな お店が 好きです。

제 동아리 선배는 잘생긴 사람입니다. 매우 성실해서 성적도 좋습니다. 그리고 축구도 능숙합니다. 저는 축구를 그다지 잘하지 않습니다. 하지만 무척 좋아합니다.

① ハンサムな 人です。とても まじめな 人です。
　サッカーが 上手な 人です。
② いいえ、サッカーは 下手では ありません。
　上手です。
③ いいえ、きらいでは ありません。
　大好きです。

스크립트 및 모범 답안

쓰기 마스터

1 私の 先生は ハンサムな 人です。話も おもしろいですから、私は 日本語の 授業が 大好きです。そして、先生は 歌が 上手です。韓国の 有名な 歌手に そっくりです。

8 わあ、広くて きれい！

회화 워밍업

M 이 방입니다.
F 와, 넓고 예뻐요!

1 ① A この レストランは どうですか。
　　　이 레스토랑은 어떻습니까?
　　B 安くて おいしいですよ。싸고 맛있어요.

② A この スーツケースは どうですか。
　　이 수트 케이스는 어떻습니까?
　B 大きくて 軽いですよ。크고 가벼워요.

③ A この ホテルは どうですか。
　　이 호텔은 어떻습니까?
　B 新しくて 便利ですよ。
　　새로 지은 데다가 편리해요.

2 ① A トイレは どちらですか。
　　　화장실은 어느 쪽입니까?
　　B あちらです。저쪽입니다.

② A 受付は どちらですか。
　　접수처는 어느 쪽입니까?
　B こちらです。이쪽입니다.

③ A 出身は どちらですか。어디 출신입니까?
　B 韓国です。한국입니다.

단어 마스터

A あ、テレビが ない。
B そうですね。テレビが 必要ですね。

A あ、電子レンジが ない。
B そうですね。電子レンジが 必要ですね。

A あ、ドライヤーが ない。
B そうですね。ドライヤーが 必要ですね。

A あ、冷蔵庫が ない。
B そうですね。冷蔵庫が 必要ですね。

A あ、いすが ない。
B そうですね。いすが 必要ですね。

A あ、洗濯機が ない。
B そうですね。洗濯機が 必要ですね。

A あ、テーブルが ない。
B そうですね。テーブルが 必要ですね。

A あ、机が ない。
B そうですね。机が 必要ですね。

A あ、パソコンが ない。
B そうですね。パソコンが 必要ですね。

말하기 & 읽기 마스터

이 컴퓨터는 편리하지만, 조금 무겁습니다.

① この トイレは 少し 狭いですが、新しくて きれいです。

② その カフェは コーヒーが おいしいですが、とても 高いです。

③ あの スカートは 色が 変ですが、デザインは いいです。

제 방은 조용하고 집세도 저렴합니다. 오래되고 좁지만 대학과 가깝습니다. 게다가 텔레비전은 새것입니다. 하지만 세탁기와 냉장고는 조금 낡았습니다. 제 컴퓨터는 크고 무겁습니다. 편리하지 않기 때문에 새 컴퓨터가 필요합니다.

① いいえ、広く ありません。狭いです。
② はい、少し 古いです。
③ 大きくて 重くて、便利では ありませんから 新しい パソコンが 必要です。

쓰기 마스터

1 私の 町は 果物が 有名で、とても 静かです。東京から 遠いですが、食べ物が おいしいです。それに、空気が きれいですから、体に いいです。

9 日本語が 難しくて 大変でした。

회회 워밍업

M 오리엔테이션은 며칠입니까?
F 7일입니다.

1 ① A オリエンテーションは 4日でしたか。
오리엔테이션은 4일이었습니까?
B いいえ、9日でした。 아니요, 9일이었습니다.
② A 昨日の ミーティングは 午前 9時から でしたか。 어제 미팅은 오전 9시부터였습니까?
B いいえ、10時からでした。
아니요, 10시부터였습니다.

③ A 田中さんは 日本語の 先生でしたか。
다나카 씨는 일본어 선생님이었습니까?
B いいえ、英語の 先生でした。
아니요, 영어 선생님이었습니다.

2 ① A あの 町は にぎやかですか。
그 마을은 시끌벅적합니까?
B いいえ、あまり にぎやかでは ありません。 아니요, 그다지 시끌벅적하지 않습니다.
② A あの 公園は 静かですか。
그 공원은 조용합니까?
B いいえ、あまり 静かでは ありません。
아니요, 그다지 조용하지 않습니다.
③ A 引っ越しは 大変ですか。 이사는 힘듭니까?
B いいえ、あまり 大変では ありません。
아니요, 그다지 힘들지 않습니다.

단어 마스터

A 誕生日は いつですか。
B __月__日です。

A お正月は いつですか。
B 1月1日です。

A テストは いつですか。
B __月__日でした。

A 入学式は いつですか。
B __月__日でした。

A 結婚記念日は いつですか。
B __月__日です。

A 卒業式は いつですか。
B __月__日です。

A 子どもの日は いつですか。
B 5月5日です。

스크립트 및 모범 답안

A (今年の) 母の日は いつですか。
B 5月14日です。(2017년 기준)

A (今年の) 父の日は いつですか。
B 6月18日です。(2017년 기준)

말하기 & 읽기 마스터

> 어제는 사람이 많아서 조용하지 않았습니다.

① 昨日は 仕事が 忙しくて、ひまでは ありませんでした。
② 昨日は 問題が 多くて、簡単では ありませんでした。
③ 昨日は 会議の 時間が 短くて、大変では ありませんでした。

> 제 생일은 4월 7일입니다. 올해 4월 7일은 일본어 시험날이었습니다. 시험은 단어가 어려워서 힘들었습니다. 그래서 4월 7일은 그다지 활기차지 않았습니다. 작년 9월 저는 일본어가 무척 서툴렀습니다. 하지만 지금은 조금 잘합니다. 선생님이 재미있어서 일본어 수업은 즐겁습니다.

① 誕生日は 4月 7日です。
② テストの 単語が 難しくて 大変でしたから、あまり 元気では ありませんでした。
③ いいえ、今は 日本語が 下手では ありません。少し 上手です。

쓰기 마스터

1 ① 4月 10日は 入学式で 人が 多くて、大学は にぎやかでした。
② 例: 昨日は 天気が よくて、公園が きれいでした。
③ 例: 3月 20日は 授業が 多くて、ひまでは ありませんでした。

2 ① 私は スポーツが 好きでは ありませんでした。でも 今は、下手ですが、テニスが 好きです。
② 例: 去年の 9月、学校の 授業は 簡単でした。でも 今は 少し 難しいです。
③ 例: 10年前、私は 歌が 下手でした。でも 今は 上手です。

10 ビールも 料理も おいしかったです。

회화 워밍업

F 어제는 꽃놀이였습니다. 벚꽃이 무척 예뻤습니다.
M 좋았겠군요.

1 ① A あの 店の カレーは どうでしたか。
　　그 가게의 카레는 어땠습니까?
　B とても 辛かったです。 무척 매웠습니다.

② A ハワイ旅行は どうでしたか。
　　하와이 여행은 어땠습니까?
　B とても 楽しかったです。 무척 즐거웠습니다.

③ A カフェの アルバイトは どうでしたか。
　　카페 아르바이트는 어땠습니까?
　B とても 忙しかったです。 매우 바빴습니다.

2 ① A あの レストランは 高かったですか。
　　그 레스토랑은 비쌌습니까?
　B いいえ、あまり 高く ありませんでした。
　　아니요, 그다지 비싸지 않았습니다.

② A 北海道は 寒かったですか。
　　홋카이도는 추웠습니까?
　B いいえ、あまり 寒く ありませんでした。
　　아니요, 그다지 춥지 않았습니다.

③ A 日本語の 会話の 試験は 難しかったですか。 일본어 회화 시험은 어려웠습니까?
B いいえ、あまり 難しく ありませんでした。 아니요, 그다지 어렵지 않았습니다.

② その ジャケットは デザインが よかったですが、あまり 安く ありませんでした。
③ あの ケーキは クリームが 多かったですが、あまり 甘く ありませんでした。

단어 마스터

A 月曜日の 天気は どうでしたか。
B 晴れでした。

A 火曜日の 天気は どうでしたか。
B 曇りでした。

A 水曜日の 天気は どうでしたか。
B 晴れ時々曇りでした。

A 木曜日の 天気は どうでしたか。
B 雨でした。

A 金曜日の 天気は どうでしたか。
B 曇り時々雨でした。

A 土曜日の 天気は どうでしたか。
B 雨のち晴れでした。

A 日曜日の 天気は どうでしたか。
B 雪でした。

A 昨日の 天気は どうでしたか。
B 雪のち雨でした。

A 先週末の 天気は どうでしたか。
B 台風でした。

> 지난 주 토요일은 데이트였습니다. 영화는 감동적이고 무척 재미있었습니다. 점심식사인 파스타는 토마토 소스가 맛있었습니다. 하지만 스프는 그다지 맛있지 않았습니다. 공원은 넓고 벚꽃이 예뻤습니다. 날씨가 좋았기 때문에 하루 종일 춥지 않았습니다. 데이트는 정말로 즐거웠습니다.

① 感動的で、とてもおもしろかったです。
② パスタは トマトの ソースが おいしかったですが、スープは あまり おいしく ありませんでした。
③ いいえ、つまらなく ありませんでした。本当に 楽しかったです。

쓰기 마스터

1　4月 24日 日曜日
① 今日の 天気は 晴れ時々曇りで、あまり 寒く ありませんでした。
② 日本語の 授業は 難しく ありませんでしたが、宿題が 多かったです。
③ カフェの アルバイトは、人が 少なくて あまり 忙しく ありませんでした。

말하기&읽기 마스터

> 이 요리는 색이 빨갰지만, 그다지 맵지 않았습니다.

① この ホテルは 部屋が 新しかったですが、あまり 広く ありませんでした。

문법 찾아보기

본문에 나오는 문법을 JLPT(일본어능력시험) 급수와 함께 あいうえお 순으로 정리하였습니다.

あ

あちら [N5]	저쪽	8과
あの [N5]	저 ~	5과
あれ [N5]	저것(지시대명사)	3과
い형용사 [N5]	~(한) ~, ~(하)다	4과

か

~か [N5]　　~까?　　　　　　　　　　　　　　1과
~が [N5]　　~이/가　　　　　　　　　　　　　5과
~が [N5]　　~(인)데, ~(이)지만　　　　　　　　8과
~が きらいです [N5]
~을/를 싫어합니다　　　　　　　　　　　　　　7과
~が 上手だ・得意だ [N5]
~을/를 잘한다　　　　　　　　　　　　　　　　7과
~が 好きです [N5]
~을/를 좋아합니다　　　　　　　　　　　　　　7과
~かったです [N5]
~(했)습니다(い형용사의 정중체 과거 표현)　　10과
~が 下手だ・苦手だ [N5]
~을/를 못한다　　　　　　　　　　　　　　　　7과
~から [N5]　　~부터(조사)　　　　　　　　　　2과
~から [N5]　　~(하)니까, ~(하)기 때문에　　　7과
~く ありませんでした [N5]
~(하)지 않았습니다(い형용사의 정중체 과거 부정 표현)　10과
~く なかったです [N5]
~(하)지 않았습니다(い형용사의 정중체 과거 부정 표현)　10과
~く ありません [N5]
~(하)지 않습니다(い형용사의 정중체 부정 표현)　5과
~くて [N5]　　~(하)고(い형용사의 중지형)　　8과
~くて [N5]　　~(해)서(い형용사의 중지형)　　9과

~く ないです [N5]
~(하)지 않습니다(い형용사의 정중체 부정 표현)　5과
こちら [N5]　　이쪽　　　　　　　　　　　　　8과
この [N5]　　이 ~　　　　　　　　　　　　　　5과
これ [N5]　　이것　　　　　　　　　　　　　　3과

さ

~じゃありません [N5]
~(하)지 않습니다(な형용사의 정중체 부정 표현)　7과
そちら [N5]　　그쪽　　　　　　　　　　　　　8과
その [N5]　　그 ~　　　　　　　　　　　　　　5과
それ [N5]　　그것　　　　　　　　　　　　　　3과

た

~で [N5]　　~(합)해서, ~(으)로　　　　　　　6과
~で [N5]　　~(하)고(な형용사의 중지형)　　　8과
~で [N5]　　~(으)로　　　　　　　　　　　　　8과
~で [N5]　　~(해)서(な형용사의 중지형)　　　9과
~でした [N5]
~(였)습니다(명사의 정중체 과거 표현)　　　　9과
~でした [N5]
~(했)습니다(な형용사의 정중체 과거 표현)　　9과
~です [N5]　　~(합)니다(な형용사의 정중체)　7과
~で、~です [N5]
~(이)고, ~(입)니다　　　　　　　　　　　　　4과
~では ありません [N5]
~(하)지 않습니다(な형용사의 정중체 부정 표현)　7과
~では ありませんでした [N5]
~이/가 아니었습니다(명사의 정중체 과거 부정 표현)　9과

182

표현	레벨	의미	과
～では ありませんでした	[N5]	～(하)지 않았습니다(な형용사의 정중체 과거 부정 표현)	9과
～と	[N5]	～와/과	6과
どちら	[N5]	어느 쪽	8과
どの	[N5]	어느	5과
どれ	[N5]	어느 것	3과

な

표현	레벨	의미	과
～な～	[N5]	～(한) ～(な형용사의 명사 수식)	7과
～に	[N5]	～에	7과
～ね	[N5]	확인, 동의	4과
～の	[N5]	～의(명사의 명사 수식)	2과

は

표현	레벨	의미	과
～は	[N5]	～은/는	1과
～は ～じゃ ありません	[N5]	～은/는 ～가 아닙니다(명사 정중체 부정 표현)	3과
～は ～です	[N5]	～은/는 ～입니다(명사 정중체)	1과
～は ～では ありません	[N5]	～은/는 ～가 아닙니다(명사 정중체 부정 표현)	3과
～まで	[N5]	～까지	2과

ま

표현	레벨	의미	과
～も	[N5]	～도	5과
～よ	[N5]	강조	4과

단어 찾아보기

본문에 나오는 신출 단어를 あいうえお 순으로 정리하였습니다.

あ

あ	아(감탄사)	3과
青い	파랗다	5과
青色	파란색	5과
赤い	빨갛다	5과
味	맛	4과
明日	내일	2과
新しい	새롭다	5과
あちら	저쪽	8과
あつい	뜨겁다	4과
暑い	덥다	10과
あなた	당신	1과
あの	저, 저기	2과
あぶらっこい	기름지다, 느끼하다	4과
アプリ	애플리케이션(앱)	7과
甘い	달다	4과
あまり	별로, 그다지	5과
雨	비	10과
アメリカ	미국, 아메리카	1과
あら	어머	6과
ありがとう	고마워, 고마워요	3과
ありがとうございます	감사합니다, 고맙습니다	2과
アルバイト	아르바이트	2과
いい	좋다	4과
いいえ	아니요	1과
いくら	얼마	6과
いす	의자	8과
忙しい	바쁘다	9과
いただきます	잘 먹겠습니다	4과
一	1, 일	2과
1時	1시, 한 시	2과
一日中	하루 종일	10과
一番	가장, 제일	5과
一万	만, 10000	6과
いつ	언제	9과
五つ	5개, 다섯 개	6과
いつも	언제나	7과
今	지금	2과
いよいよ	드디어	9과
いらっしゃいませ	어서 오세요	6과
色	색	5과
インテリア	인테리어	8과
インド	인도	4과
受付	접수	8과
薄い	싱겁다, 엷다	4과
歌	노래	7과
売り切れ	다 팔림, 매진	6과
うるさい	시끄럽다	10과
え	어(감탄사)	6과
映画	영화	10과
映画鑑賞	영화 감상	1과
営業	영업	2과
英語	영어	5과
円	엔(일본 화폐 단위)	6과
お~	존경·미화의 뜻을 나타내는 접두어	9과
おいしい	맛있다	4과
多い	많다	5과
大きい	크다	5과
大阪	오사카	1과
おかわりください	더 주세요	4과
お茶	차	3과
おつり	잔돈, 거스름돈	6과
弟	남동생	7과

184

同じ	같은, 같다	6과
お名前	성함	1과
お願いします	부탁합니다	1과
OFF	할인	6과
お店	가게	7과
お土産	여행 선물, 기념품	5과
オムライス	오므라이스	9과
重い	무겁다	5과
おもしろい	재미있다	4과
オリエンテーション	오리엔테이션	2과
女の人	여성	5과

か

～か	～인가	4과
～が	～이/가	5과
～が	～(이)지만, ～(인)데	8과
カーディガン	카디건	5과
カーテン	커튼	8과
会議室	회의실	8과
外国人	외국인	8과
会社員	회사원	5과
買い物	물건 사기, 쇼핑	7과
会話	회화	10과
柿	감	6과
学生	(대)학생	5과
かさ	우산	4과
歌手	가수	5과
かっこいい	멋지다	9과
学校	학교	2과
～かな	～까, ～나	5과
彼女	그녀	1과
かばん	가방	5과
カフェ	카페	7과
髪	머리카락	5과

～から	～부터, ～에서	1과
～から	～(하)기 때문에, ～(하)니까	7과
辛い	맵다	4과
カラオケ	노래방	1과
～から来ました	～에서 왔습니다	1과
体	몸	7과
彼	그	1과
カレー	카레	4과
かわいい	귀엽다	5과
韓国	한국	1과
簡単だ	간단하다	7과
感動的だ	감동적이다	10과
キウイ	키위	6과
キウイジャム	키위잼	3과
記念日	기념일	9과
昨日	어제	9과
キムチチゲ	김치찌개	4과
九・九	9, 구	2과
今日	오늘	2과
去年	작년	9과
きらいだ	싫어하다	7과
きれいだ	예쁘다, 깨끗하다	7과
気をつけて	조심하세요, 조심해	4과
金曜日	금요일	10과
空気	공기	8과
空気入れ	공기주입기	6과
9時	9시, 아홉 시	2과
ください	주세요	4과
果物	과일	7과
くつ	구두, 신발	5과
靴下	양말	5과
曇り	흐림	10과
～ぐらい	～정도	8과
クラス	반, 학급	2과
クリーム	크림	4과
クリスマス	크리스마스	5과

黒い	검다	5과
経済学部	경제학부	6과
ケーキ	케이크	3과
ゲーム	게임	1과
化粧品	화장품	3과
結婚	결혼	9과
月曜日	월요일	10과
元気だ	건강하다, 활발하다	7과
五	5, 오	2과
濃い	진하다	4과
公園	공원	9과
合コン	남녀가 여럿이서 친목을 도모하는 모임	10과
香水	향수	3과
紅茶	홍차	4과
コーヒー	커피	3과
コーン	콘, 옥수수	4과
ここ	여기	8과
午後	오후	2과
九つ	9개, 아홉 개	6과
五	5, 오	2과
5時	5시, 다섯 시	2과
午前	오전	2과
午前中	오전 중	10과
こちら	이쪽	8과
今年	올해	9과
子ども	어린이, 아이	9과
子どもの日	어린이날	9과
この	이	5과
ごめんなさい	미안해요, 죄송해요	3과
これ	이것	2과
コロッケ	크로켓	4과
怖い	무섭다	10과

さ

サークル	동아리, 서클	2과
サイズ	사이즈	5과
財布	지갑	3과
最安値	최저가	8과
桜	벚꽃	10과
サッカー	축구	1과
雑誌	잡지	3과
寒い	춥다	10과
サラダ	샐러드	4과
～さん	～씨	1과
三	3, 삼	2과
3階	3층	8과
サンギョプサル	삼겹살	4과
3時	3시, 세 시	2과
30分	30분	2과
塩辛い	짜다	4과
4月	4월	9과
時間	시간	2과
試験	시험	10과
仕事	일	9과
辞書	사전	3과
静かだ	조용하다	7과
7時	7시, 일곱 시	2과
自転車	자전거	5과
じゃあ(じゃ)	그럼	4과
シャープペン	샤프펜슬	4과
ジャケット	재킷, 외투	10과
写真	사진	1과
ジャム	잼	3과
十	10, 십	2과
11時	11시, 열한 시	2과
10時	10시, 열 시	2과
12時	12시, 열두 시	2과
週末	주말	10과

授業	수업	2과
宿舎	기숙사	7과
宿題	숙제	5과
出身	출신, 고향	1과
趣味	취미	1과
種類	종류	8과
正月	정월(1월 1일), 설날	9과
上手だ	잘하다, 능숙하다	7과
商店街	상점가	7과
消費税込み	소비세 포함	6과
食後	식후	5과
食堂	식당	9과
ショッピング	쇼핑	1과
白い	하얗다	5과
親切だ	친절하다	7과
すいか	수박	6과
スーツケース	여행가방, 수트 케이스	8과
スープ	수프	4과
水曜日	수요일	10과
スカート	스커트, 치마	5과
スカーフ	스카프	3과
好きだ	좋아하다	7과
少ない	적다	5과
スケジュール	스케줄, 일정	2과
少し	조금	4과
すっぱい	시다	4과
スポーツ	운동, 스포츠	7과
ズボン	바지	5과
スマートフォン	스마트폰	8과
すみません	실례합니다, 미안합니다	2과
性格	성격	8과
成績	성적	7과
セール	판매, 바겐세일	5과
狭い	좁다	8과
ゼロ	0	2과
千	천	6과
専攻	전공	1과
先週末	지난 주말	10과
選手	선수	9과
先生	선생님	1과
洗濯機	세탁기	8과
先輩	선배	7과
全部	전부	6과
そうです	그렇습니다	1과
ソウル	서울	1과
ソース	소스	4과
そして	그리고(순접)	7과
卒業式	졸업식	9과
そっくりだ	똑같다, 닮다	6과
その	그	5과
それ	그것	2과
それで	그래서	9과
それに	게다가(첨가)	8과

た

～台	～대	6과
大学	대학	1과
だいじょうぶです	괜찮아요, 괜찮습니다	3과
大好きだ	아주 좋아하다	7과
台風	태풍	10과
大変だ	힘들다, 큰일이다	7과
高い	비싸다, 높다	5과
楽しい	즐겁다	9과
食べ物	음식, 먹을거리	4과
だれ	누구	2과
単語	단어	9과
誕生日	생일	4과
小さい	작다	5과
チーズケーキ	치즈 케이크	5과
チーズバーガー	치즈버거	6과

日本語	한국어	과
チェックイン	체크인	2과
近い	가깝다	8과
近く	근처	7과
チキンバーガー	치킨버거	6과
父の日	아버지날	9과
中間テスト	중간 테스트, 중간 시험	10과
チョコアイス	초콜릿 아이스크림	6과
チョコケーキ	초콜릿 케이크	4과
チョコレート	초콜릿	3과
使い方	사용법	7과
机	책상	8과
つまらない	재미없다, 지루하다	10과
～で	～이고	4과
～で	～(합)해서	6과
～で	～(으)로	8과
デート	데이트	2과
テーブル	테이블, 탁자	8과
Tシャツ	티셔츠	5과
テグ	대구	3과
デザート	디저트	5과
デザイン	디자인	6과
～でした	～(였)습니다	9과
～でしたか	～(였)습니까?	9과
～です	～(입)니다	1과
～ですか	～(입)니까?	1과
テスト	테스트, 시험	2과
テニス	테니스	1과
～では ありません	～이/가 아닙니다	3과
でも	하지만, 그렇지만	5과
テレビ	텔레비전	8과
店員	점원	6과
天気	날씨	10과
でんき	전기	8과
電子レンジ	전자레인지	8과
電話番号	전화번호	2과
～と	～와/과	6과
トイレ	화장실	8과
どう	어때? 어떠함	4과
東京	도쿄	1과
どうしようかな	어떻게 할까?	6과
どうして	왜, 어째서	8과
どうぞ	부디, 아무쪼록	1과
どうぞ	드세요, 앉으세요(권유할 때 쓰는 말)	3과
どうでしたか	어땠어요?	9과
どうですか	어떻습니까?, 어때요?	4과
十	10개, 열 개	6과
遠い	멀다	8과
時	때	9과
時々	때때로	10과
得意だ	잘하다, 능숙하다	7과
読書	독서	1과
時計	시계	3과
どこ	어디	1과
ところ	곳, 장소	7과
ところで	그런데(화제 전환)	7과
図書館	도서관	9과
トッポギ	떡볶이	4과
とても	매우, 아주	4과
～との	～와의	9과
どの	어느	5과
トマト	토마토	4과
土曜日	토요일	10과
ドライヤー	드라이어	8과
取引先	거래처	9과
トンカツ	돈가스	9과
どんな	어떤	7과

な

日本語	한국어	과
ない	없다	8과
長い	길다	5과

名古屋	나고야	1과
梨	배	6과
七・七	7, 칠	2과
七つ	7개, 일곱 개	6과
何色	무슨 색	5과
何が	무엇이, 무엇을	7과
7日	7일	9과
名前	이름	1과
何	무엇	1과
何時	몇 시	2과
何時間	몇 시간	2과
何日	며칠	9과
何の	무슨	4과
何曜日	무슨 요일	10과
二	2, 이	2과
におい	냄새	4과
苦い	쓰다	4과
苦手だ	못하다, 서툴다	7과
にぎやかだ	시끌벅적하다	7과
2時	2시, 두 시	2과
日曜日	일요일	10과
~には	~(하)기에는	7과
日本	일본	1과
日本語	일본어	1과
荷物	짐	7과
入学式	입학식	9과
ニューヨーク	뉴욕	1과
にんじん	당근	7과
~ね	확인, 동의를 나타내는 종조사	4과
ネクタイ	넥타이	3과
値段	가격	5과
~の	~의	2과
ノート	노트	3과
~のち	~후, ~뒤	10과
飲み会	회식	2과
飲み物	음료수	7과
のり	김	5과

は

~は	~은/는	1과
パーセント(%)	퍼센트	6과
はい	예, 네	1과
箱	상자	3과
はじめて	처음	1과
はじめまして	처음 뵙겠습니다	1과
パスタ	파스타	4과
バス停	버스 정류장	8과
パソコン	퍼스널 컴퓨터	8과
八	8, 팔	2과
8時	8시, 여덟 시	2과
発音	발음	8과
派手だ	화려하다	7과
花見	꽃놀이, 꽃구경	10과
母の日	어머니날	9과
早い	빠르다, 이르다	5과
晴れ	맑음	10과
ハワイ	하와이	10과
半	반, 30분	2과
ハンカチ	손수건	3과
ハンサムだ	잘생기다	7과
ビール	맥주	10과
引っ越し	이사	7과
必要だ	필요하다	8과
人	사람	6과
一つ	1개, 한 개, 하나	6과
ひまだ	한가하다	9과
百	백	6과
病気	병, 아픔	9과
広い	넓다	8과
プサン	부산	1과

日本語	韓国語	課
二つ（ふた-）	2개, 두 개	6과
ブラウス	블라우스	5과
古い（ふる-）	낡다, 오래되다	5과
プレゼント	선물	3과
ブローチ	브로치	5과
文学部（ぶんがくぶ）	문학부	6과
下手だ（へた-）	못하다, 서툴다	7과
部屋（へや）	방	8과
勉強（べんきょう）	공부	7과
変だ（へん-）	이상하다	7과
便利だ（べんり-）	편리하다	7과
ボールペン	볼펜	3과
ぼく	나(남자)	10과
ポスター	포스터	5과
北海道（ほっかいどう）	홋카이도	1과
ホットコーヒー	따뜻한 커피	6과
ホテル	호텔	8과
本（ほん）	책	2과
本当に（ほんとう-）	정말로	10과

ま

日本語	韓国語	課
前（まえ）	앞	7과
まじめだ	성실하다	7과
まずい	맛이 없다	4과
町（まち）	동네, 도시	7과
～まで	～까지	2과
マンゴー	망고	6과
万年筆（まんねんひつ）	만년필	4과
ミーティング	미팅, 회의	2과
みかん	귤	4과
短い（みじか-）	짧다	5과
三つ（みっ-）	3개, 세 개	6과
難しい（むずか-）	어렵다	9과
六つ（むっ-）	6개, 여섯 개	6과
メニュー	메뉴	9과
メロン	멜론	6과
～も	～도	5과
木曜日（もくようび）	목요일	10과
桃（もも）	복숭아	6과
問題（もんだい）	문제	9과

や

日本語	韓国語	課
野球（やきゅう）	야구	7과
約（やく）	약, 대략	2과
安い（やす-）	싸다, 저렴하다	5과
家賃（やちん）	집세	8과
八つ（やっ-）	8개, 여덟 개	6과
やっぱり	역시	9과
夕食（ゆうしょく）	저녁식사	2과
有名だ（ゆうめい-）	유명하다	7과
雪（ゆき）	눈	10과
ゆず茶（-ちゃ）	유자차	3과
～よ	강조를 나타내는 종조사	4과
ヨガ	요가	1과
よかったですね	좋았겠군요, 좋았겠네요	10과
4時（よじ）	4시, 네 시	2과
四つ（よっ-）	4개, 네 개	6과
予定（よてい）	예정	2과
よろしく	잘	1과
四・四（よん・し）	4, 사	2과

ら

日本語	韓国語	課
来週（らいしゅう）	다음 주	10과
ラッキーだ	행운이다	9과
ランチ	점심식사	2과
りっぱだ	훌륭하다, 멋지다	7과
料理（りょうり）	요리	1과

旅行	여행	1과
りんご	사과	5과
冷蔵庫	냉장고	8과
レストラン	레스토랑	2과
六	6, 육	2과
6時	6시, 여섯 시	2과

わ

わあ	와(감탄사)	3과
私	저	1과
私	나, 저	1과
私たち	우리, 저희	2과
ワンピース	원피스	5과

MEMO

일본어 마스터를 위한 나침반

다락원
일본어 마스터

박민영, 최충희, 김유천, 사카구치 사야카, 세라쿠 토오루 공저

1

히라가나·가타카나 쓰기 노트

다락원

다락원 일본어 마스터 1

일본어 마스터를 위한 나침반

히라가나·가타카나 쓰기 노트

가나 오십음도

히라가나 ひらがな

단＼행	あ행	か행	さ행	た행	な행
あ단	あ [a]	か [ka]	さ [sa]	た [ta]	な [na]
い단	い [i]	き [ki]	し [shi]	ち [chi]	に [ni]
う단	う [u]	く [ku]	す [su]	つ [tsu]	ぬ [nu]
え단	え [e]	け [ke]	せ [se]	て [te]	ね [ne]
お단	お [o]	こ [ko]	そ [so]	と [to]	の [no]

가타카나 カタカナ

단＼행	ア행	カ행	サ행	タ행	ナ행
ア단	ア [a]	カ [ka]	サ [sa]	タ [ta]	ナ [na]
イ단	イ [i]	キ [ki]	シ [shi]	チ [chi]	ニ [ni]
ウ단	ウ [u]	ク [ku]	ス [su]	ツ [tsu]	ヌ [nu]
エ단	エ [e]	ケ [ke]	セ [se]	テ [te]	ネ [ne]
オ단	オ [o]	コ [ko]	ソ [so]	ト [to]	ノ [no]

は행	ま행	や행	ら행	わ행	
は [ha]	ま [ma]	や [ya]	ら [ra]	わ [wa]	
ひ [hi]	み [mi]		り [ri]		
ふ [fu]	む [mu]	ゆ [yu]	る [ru]		
へ [he]	め [me]		れ [re]		
ほ [ho]	も [mo]	よ [yo]	ろ [ro]	を [wo]	ん [n]

ハ행	マ행	ヤ행	ラ행	ワ행	
ハ [ha]	マ [ma]	ヤ [ya]	ラ [ra]	ワ [wa]	
ヒ [hi]	ミ [mi]		リ [ri]		
フ [fu]	ム [mu]	ユ [yu]	ル [ru]		
ヘ [he]	メ [me]		レ [re]		
ホ [ho]	モ [mo]	ヨ [yo]	ロ [ro]	ヲ [wo]	ン [n]

1. 청음

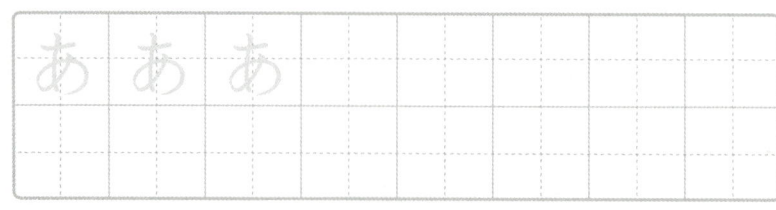
あい 사랑

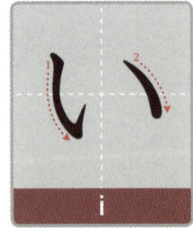
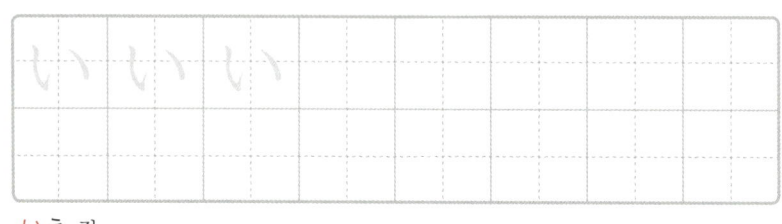
いえ 집

うえ 위

え 그림

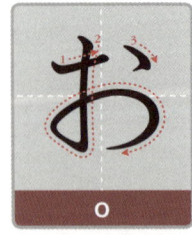
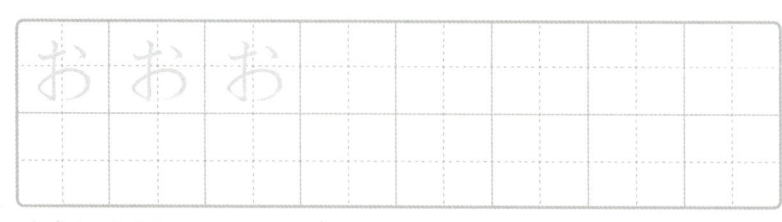
あおい 파랗다

ア イス 아이스크림

イ エス 예스(YES)

ブラ ウ ス 블라우스

エ アメール 항공 우편

オ ランウータン 오랑우탄

かお 얼굴

きく 국화

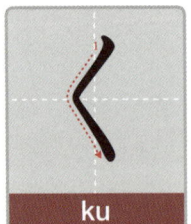 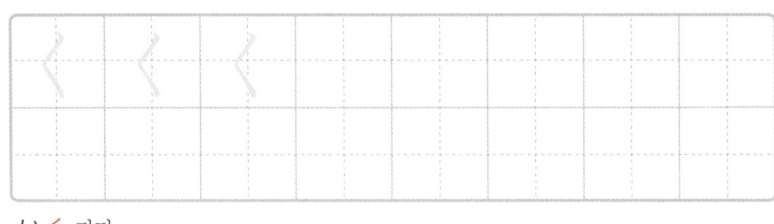

いく 가다

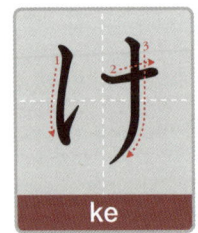 

いけ 연못

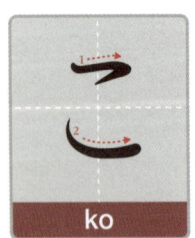 

こえ 목소리

청음 か 행

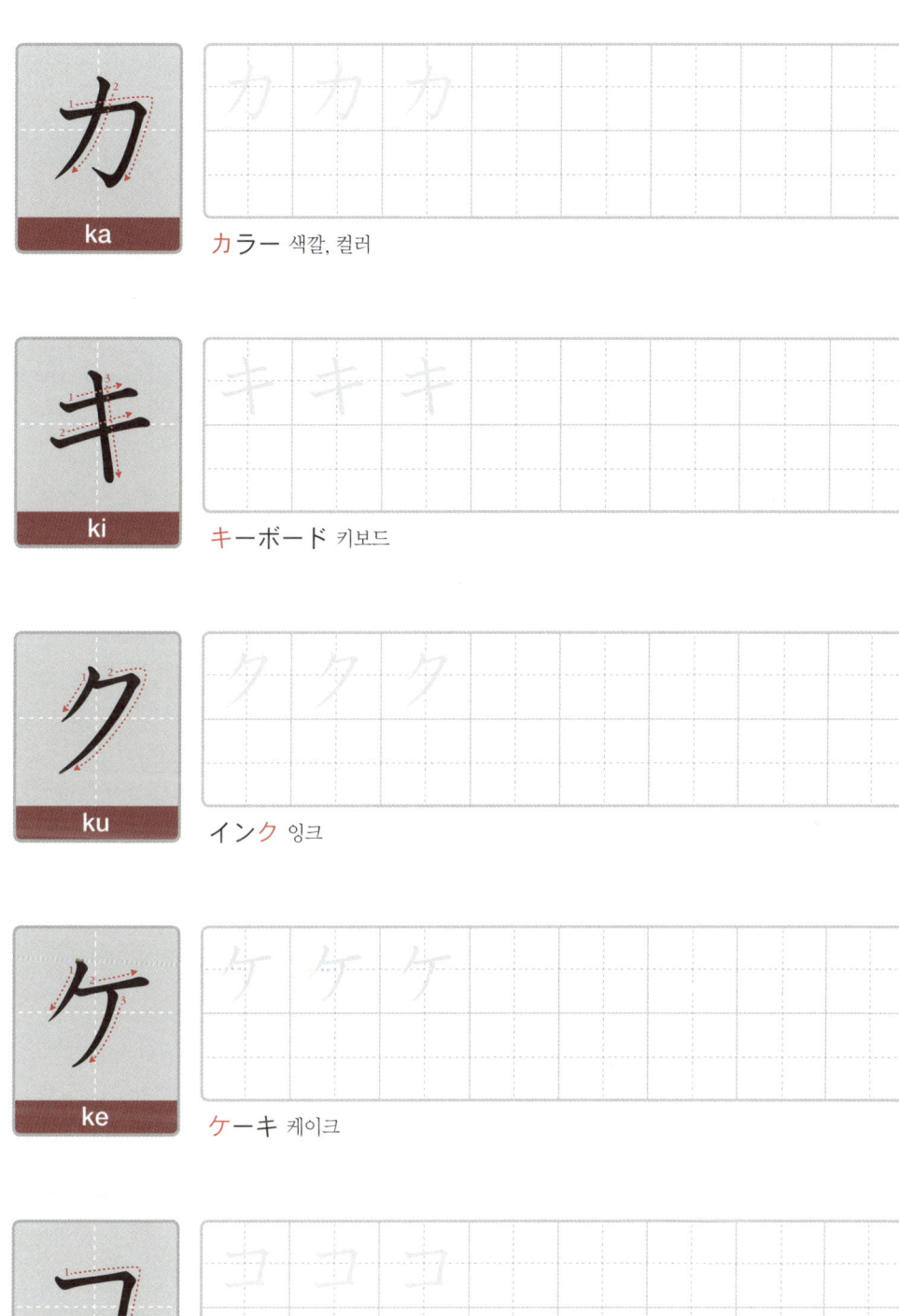

カラー 색깔, 컬러

キーボード 키보드

インク 잉크

ケーキ 케이크

エアコン 에어컨

かさ 우산

しお 소금

 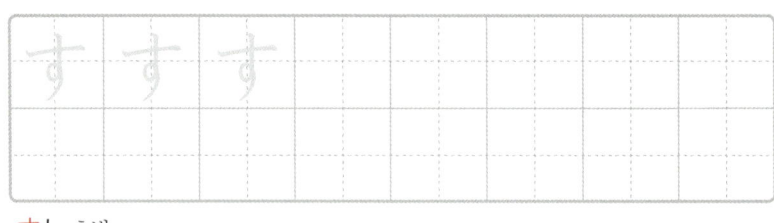
すし 초밥

 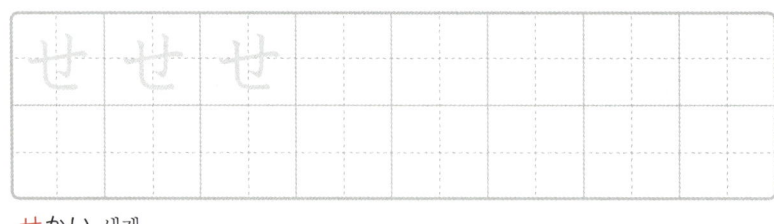
せかい 세계

うそ 거짓말

청음 さ 행

アクセサリー 액세서리

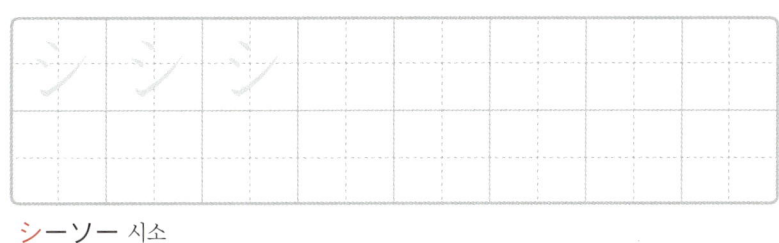
シーソー 시소

ソース 소스

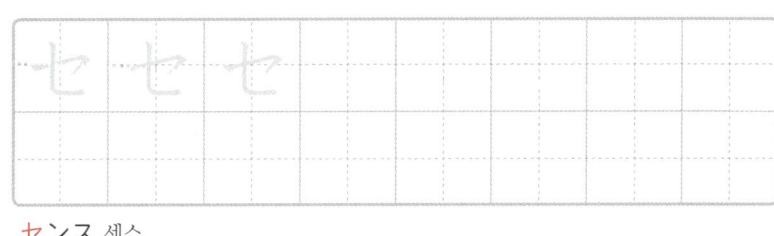
センス 센스

ソウル 서울

こたつ 고타쓰

ちち 아빠, 아버지

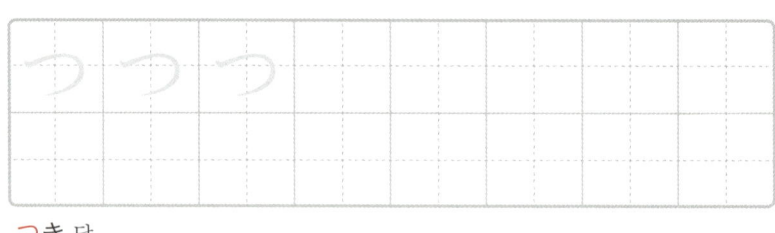

つき 달

て 손

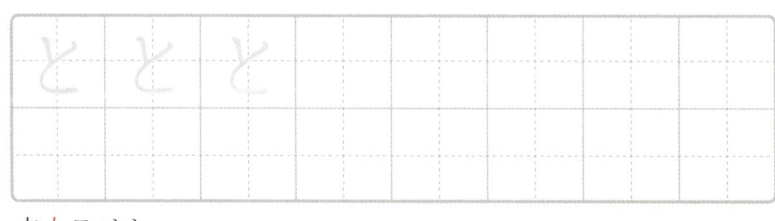

おとこ 남자

청음 た 행

タイ 태국, 타이

チーター 치타

ツアー 여행, 투어

テント 텐트

トイレ 화장실

なに 무엇

 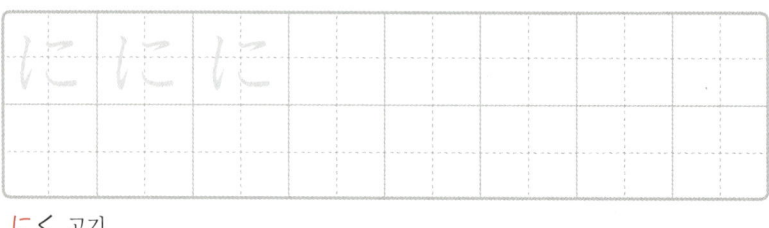

にく 고기

いぬ 개

ねこ 고양이

 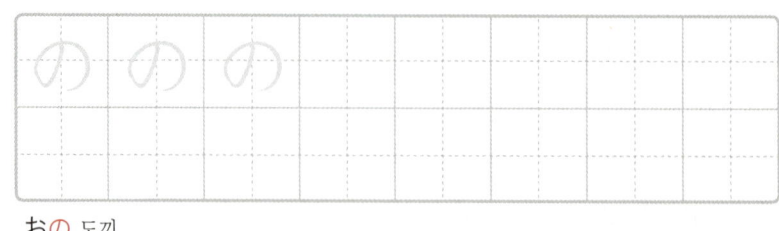

おの 도끼

청음 な 행

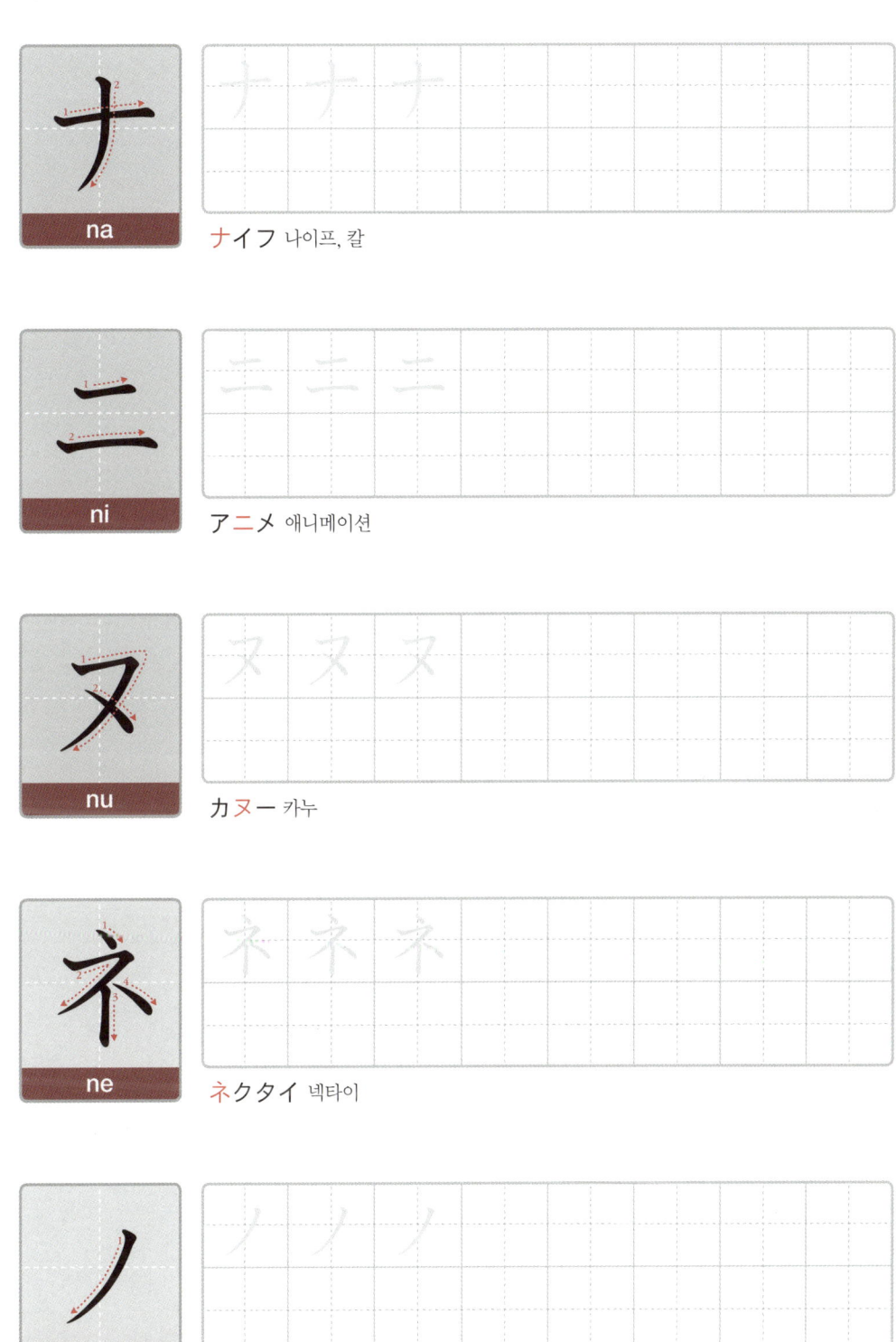

ナイフ 나이프, 칼

アニメ 애니메이션

カヌー 카누

ネクタイ 넥타이

ノート 노트, 공책

 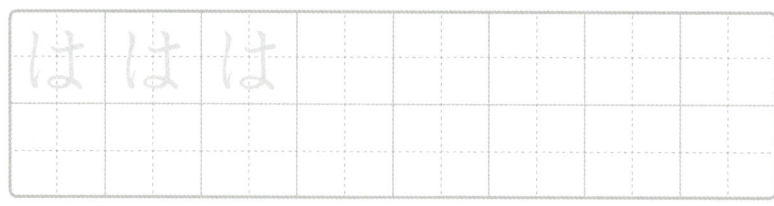

はは 엄마, 어머니

ひふ 피부

ふね 배

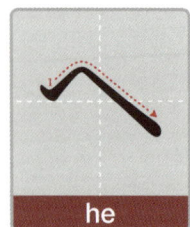 

へそ 배꼽

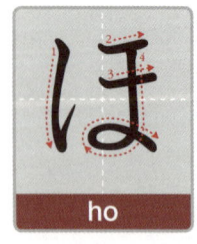 

ほし 별

ハハハ 하하하(웃음소리)

コーヒー 커피

スカーフ 스카프

ヘア 머리카락, 헤어

ホットコーヒー 따뜻한 커피

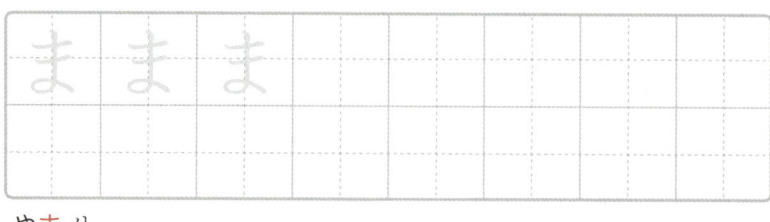

や**ま** 산

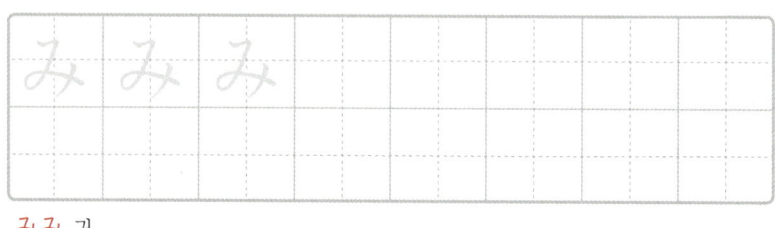

みみ 귀

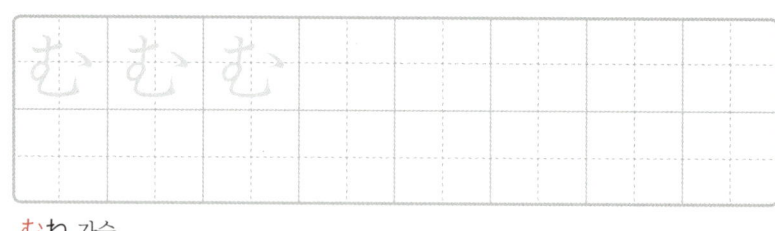

むね 가슴

ま**め** 콩

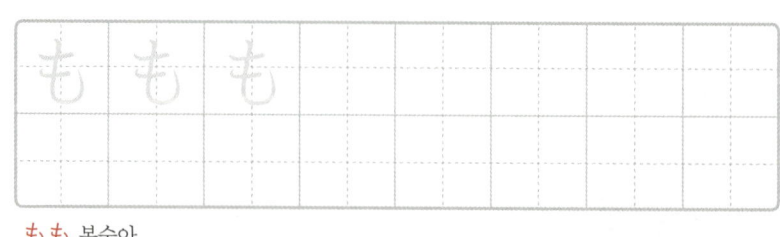

もも 복숭아

청음 ま 행

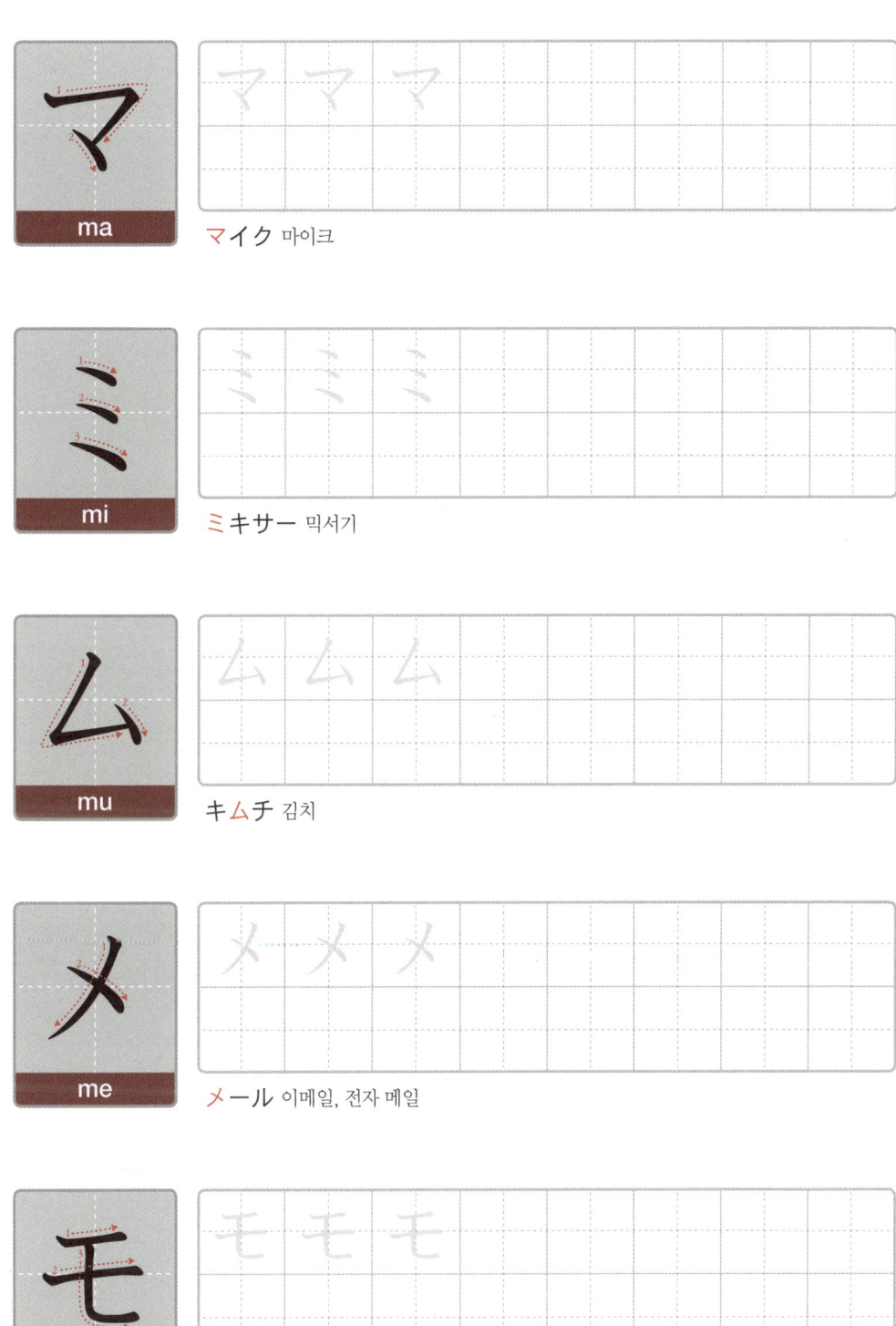

マイク 마이크

ミキサー 믹서기

キムチ 김치

メール 이메일, 전자 메일

メモ 메모

청음 や 행

へや 방

ゆき 눈

ひよこ 병아리

タイヤ 타이어

ユニホーム 유니폼

ヨット 요트

청음 ら 행

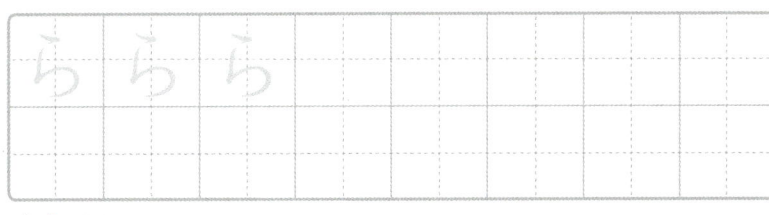
さら 접시

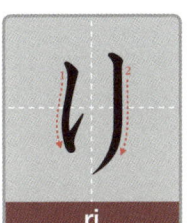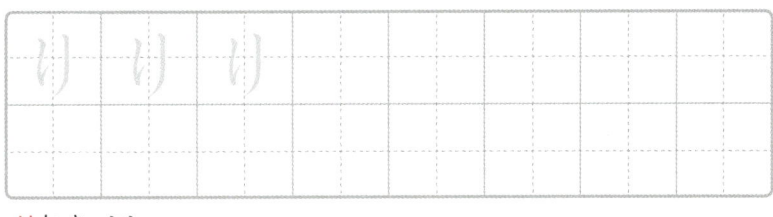
り れき 이력

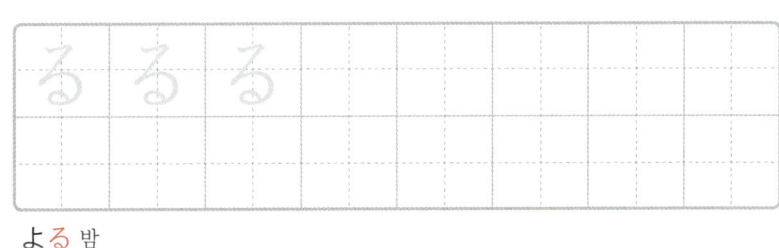
よる 밤

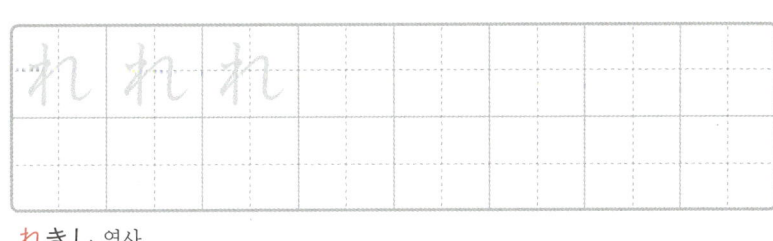
れきし 역사

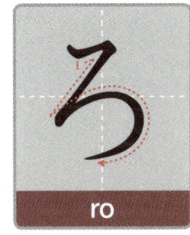
きいろ 노란색

청음 ら행

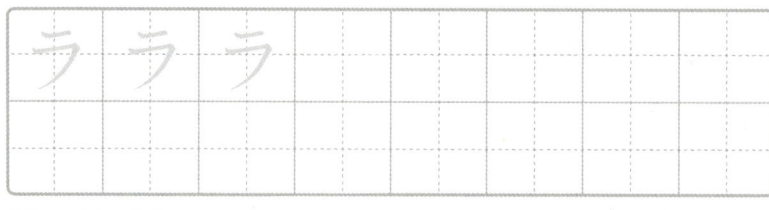

ラーメン 라면

アメリカ 미국, 아메리카

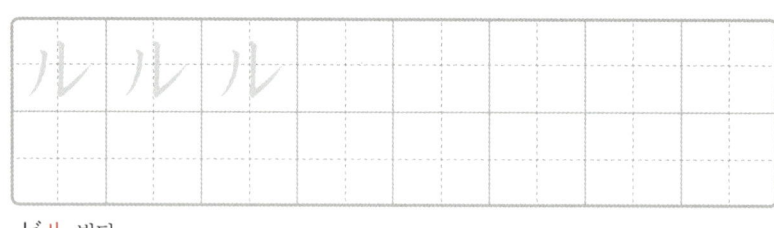

ビル 빌딩

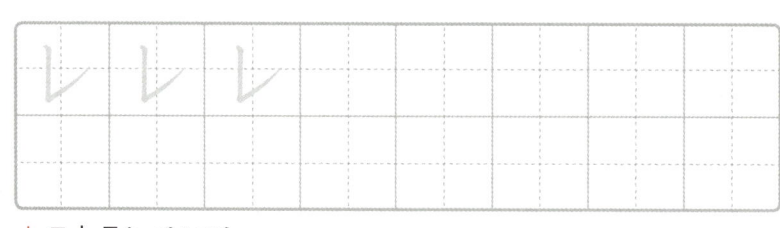

レストラン 레스토랑

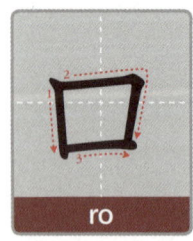

メロン 멜론

청음 わ 행 ん

わたし 나, 저

ほんをよむ 책을 읽다

ほん 책

ワイン 와인

パン 빵

2. 탁음·반탁음

ga

がっこう 학교

gi

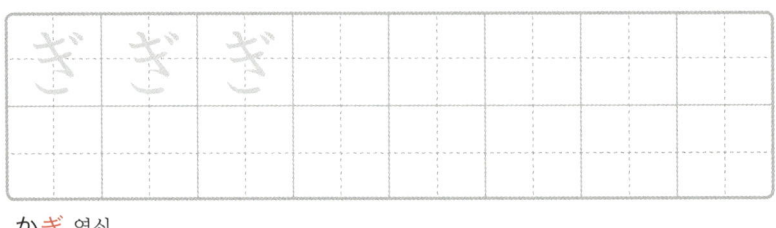

かぎ 열쇠

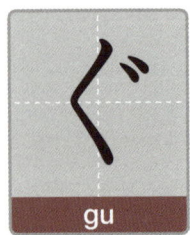
gu

かぐ 가구

ge

かげ 그림자

go

たんご 단어

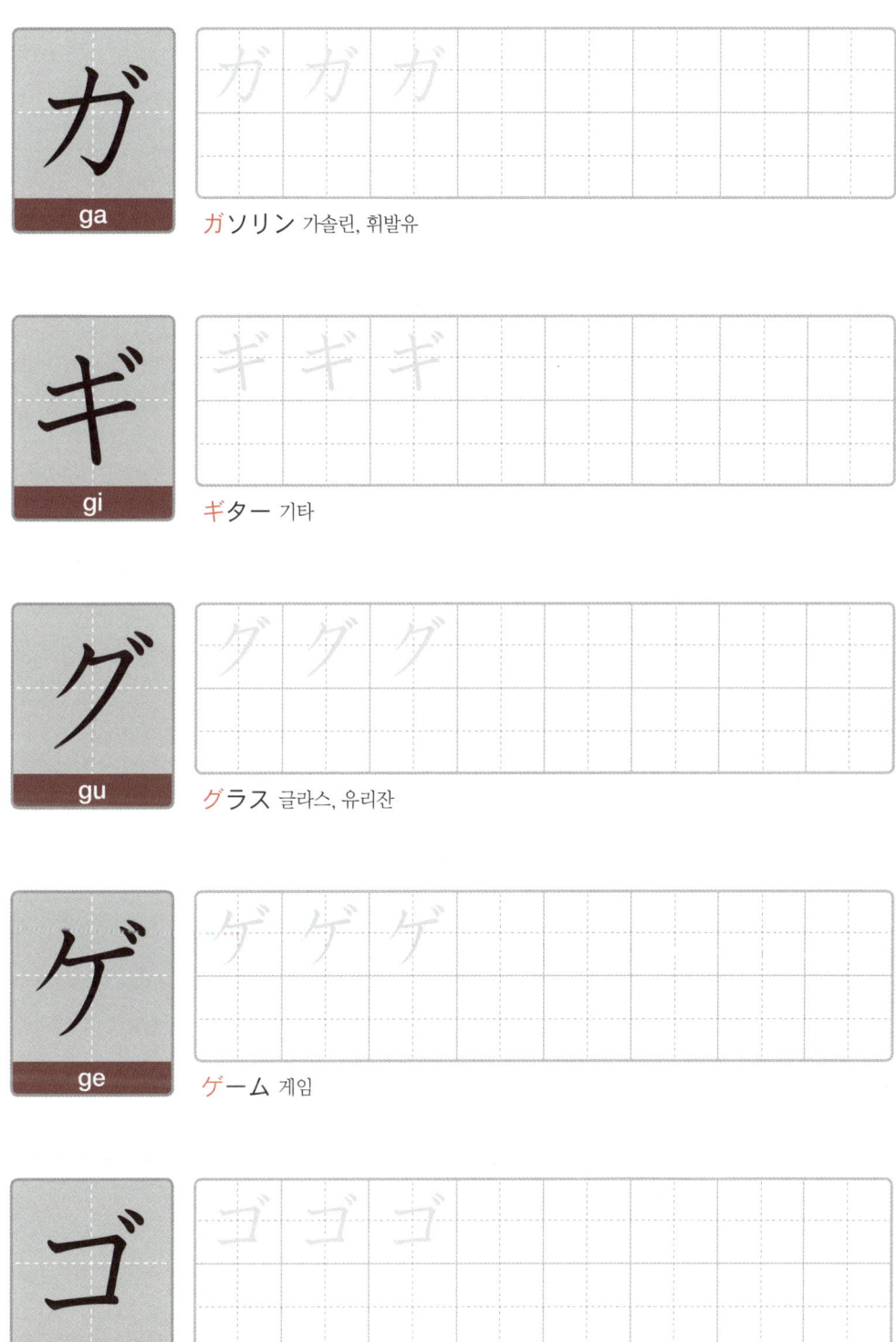

 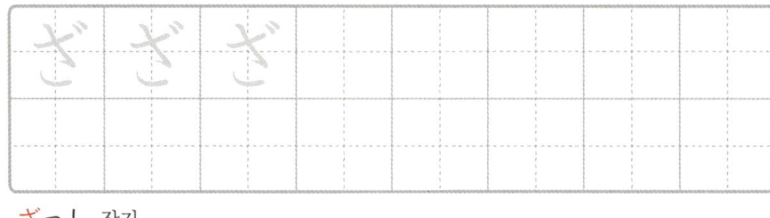

ざっし 잡지

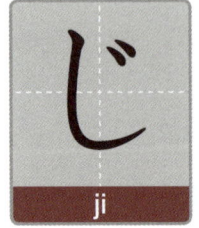 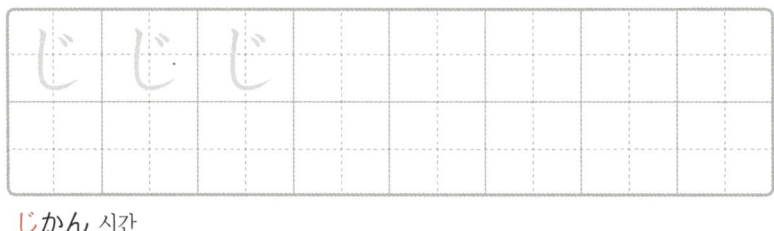

じかん 시간

ちず 지도

かぜ 바람

かぞく 가족

탁음 ざ 행

デザイン 디자인

オレンジ 오렌지

チーズ 치즈

ゼミ 세미나

ゾーン 지역, 범위

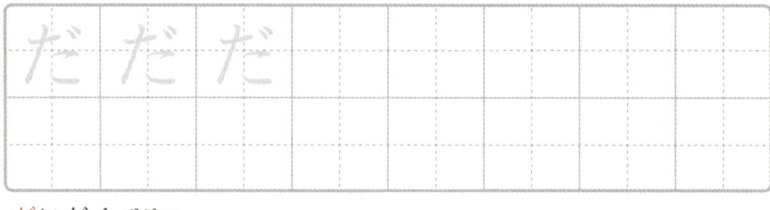

だいがく 대학교

はなぢ 코피

つづく 계속되다

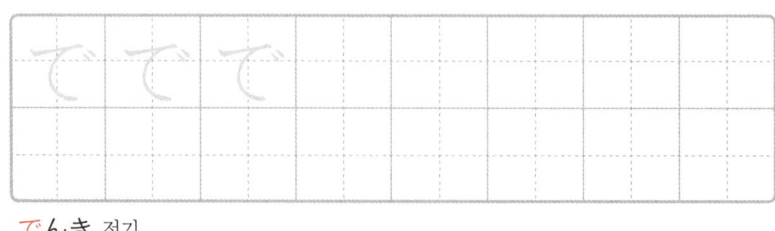

でんき 전기

かど 모퉁이

탁음 だ 행

ダ da　ダイビング 다이빙

ヂ ji

ヅ zu

デ de　デート 데이트

ド do　ドイツ 독일

 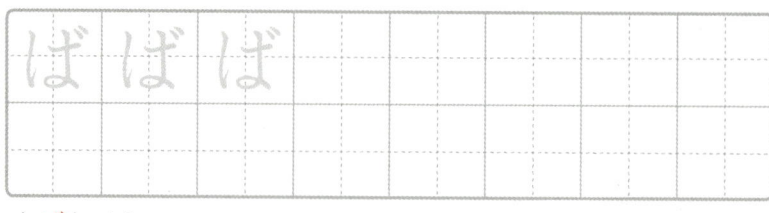
か**ば**ん 가방

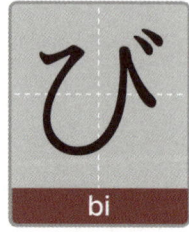 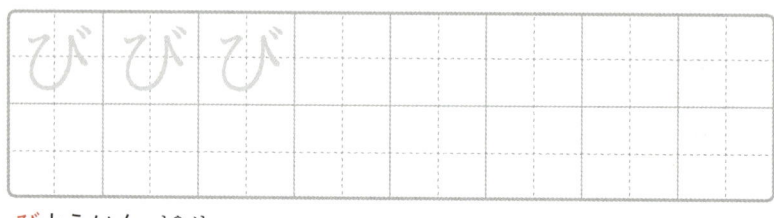
びよういん 미용실

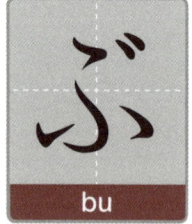 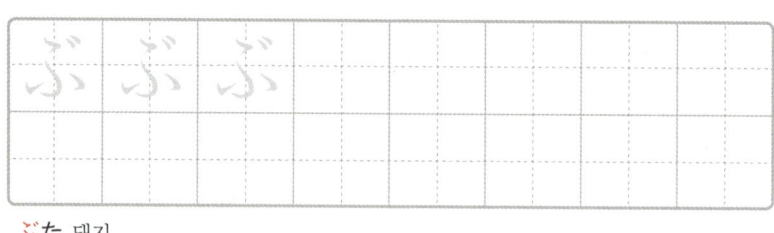
ぶた 돼지

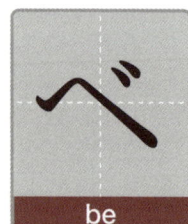 
か**べ** 벽

ぼうし 모자

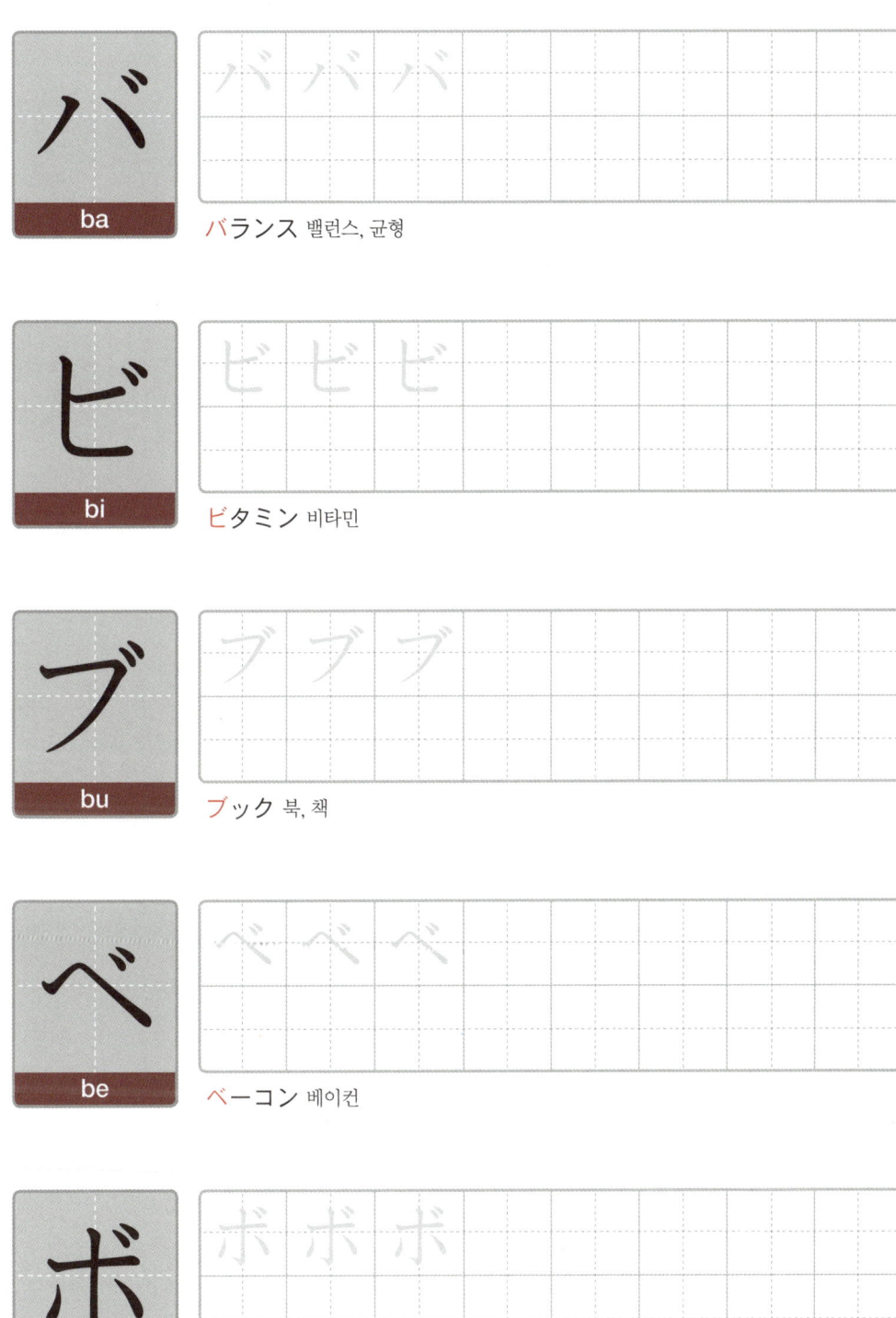

いっぱい 한 잔, 많이

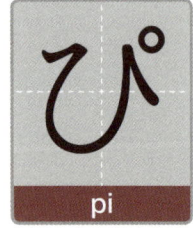 

ぴったり 딱 맞음

せんぷうき 선풍기

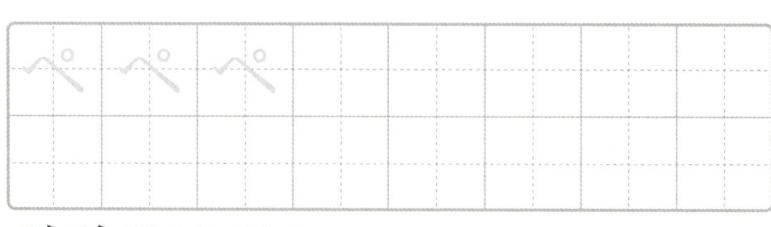

ぺらぺら 말을 잘 하는 모습, 술술

 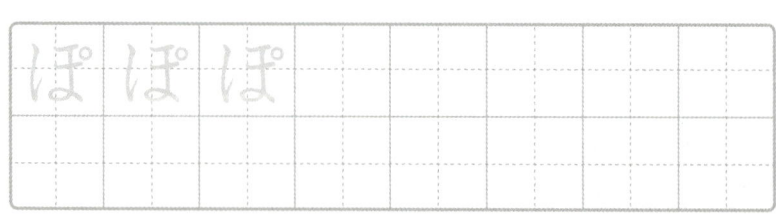

いっぽん 한 자루

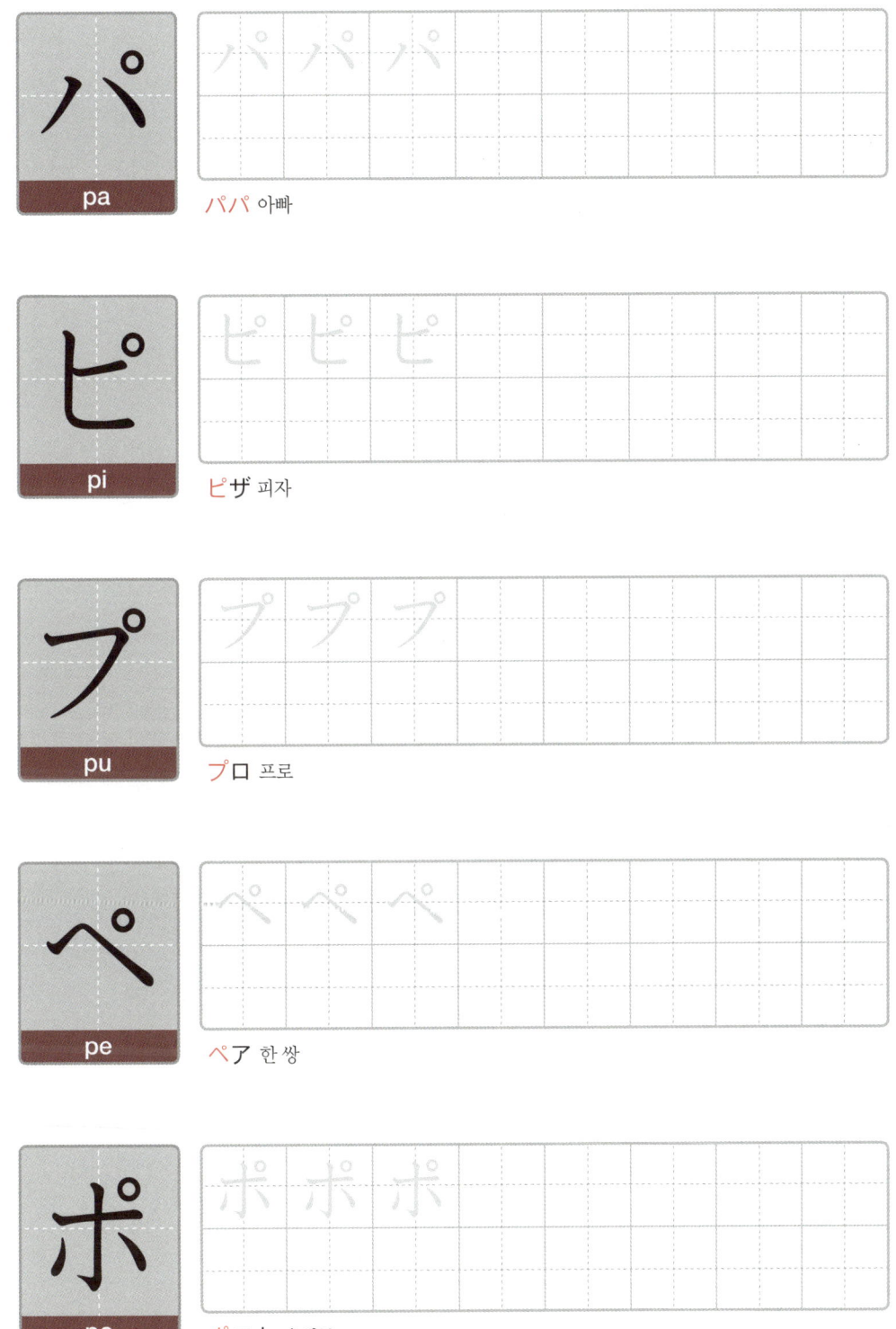

3. 요음

きゃ kya

きゃく 손님

きゅ kyu

きゅうけい 휴게, 휴식

きょ kyo

とうきょう 도쿄

キャ kya

キャラメル 캐러멜

キュ kyu

サンキュー 생큐(thank you)

キョ kyo

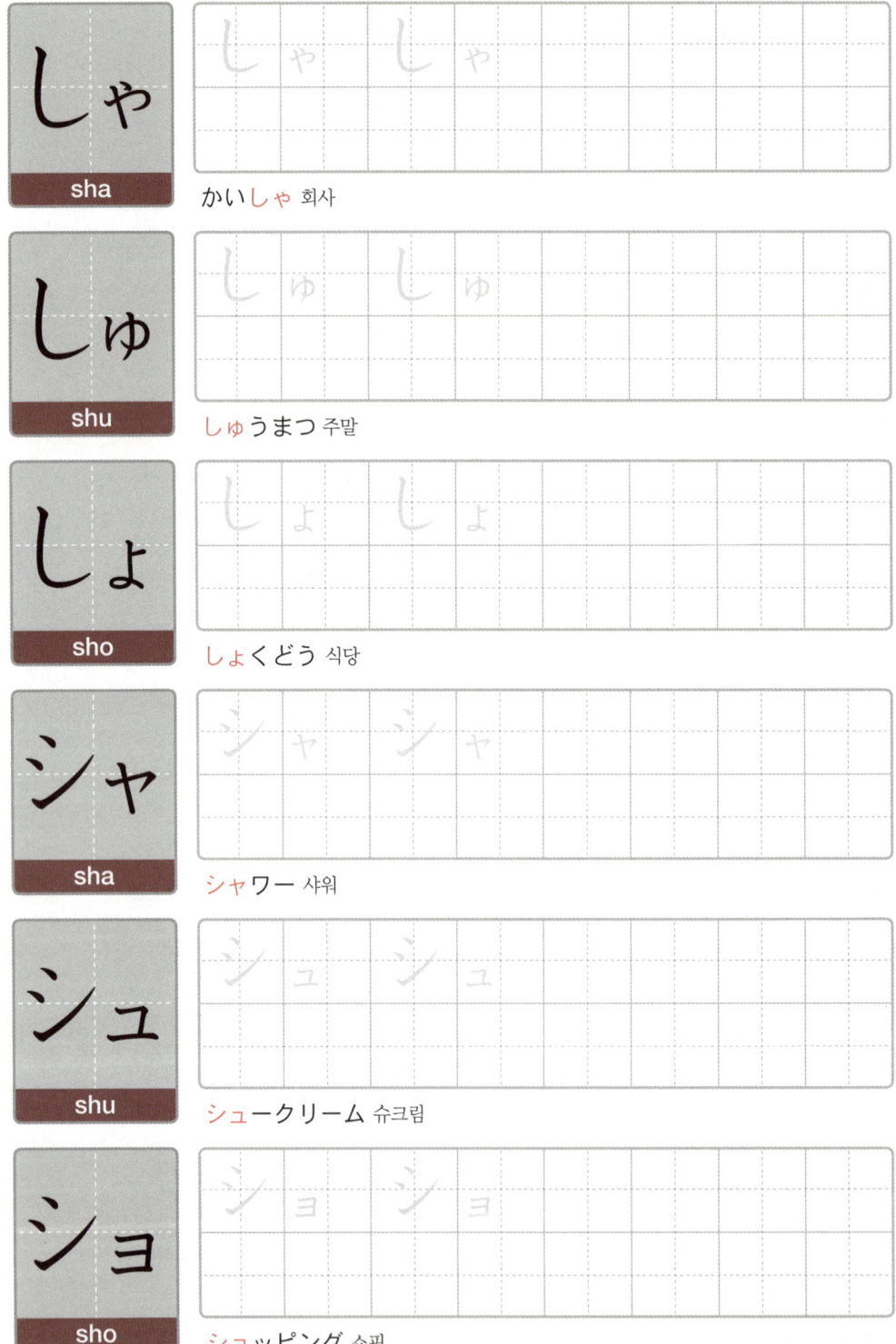

요음 た행

ちゃ cha — にほんちゃ 일본차

ちゅ chu — ちゅうい 주의

ちょ cho — かちょう 과장님

チャ cha — チャーハン 볶음밥

チュ chu — チューインガム 츄잉껌

チョ cho — チョコレート 초콜릿

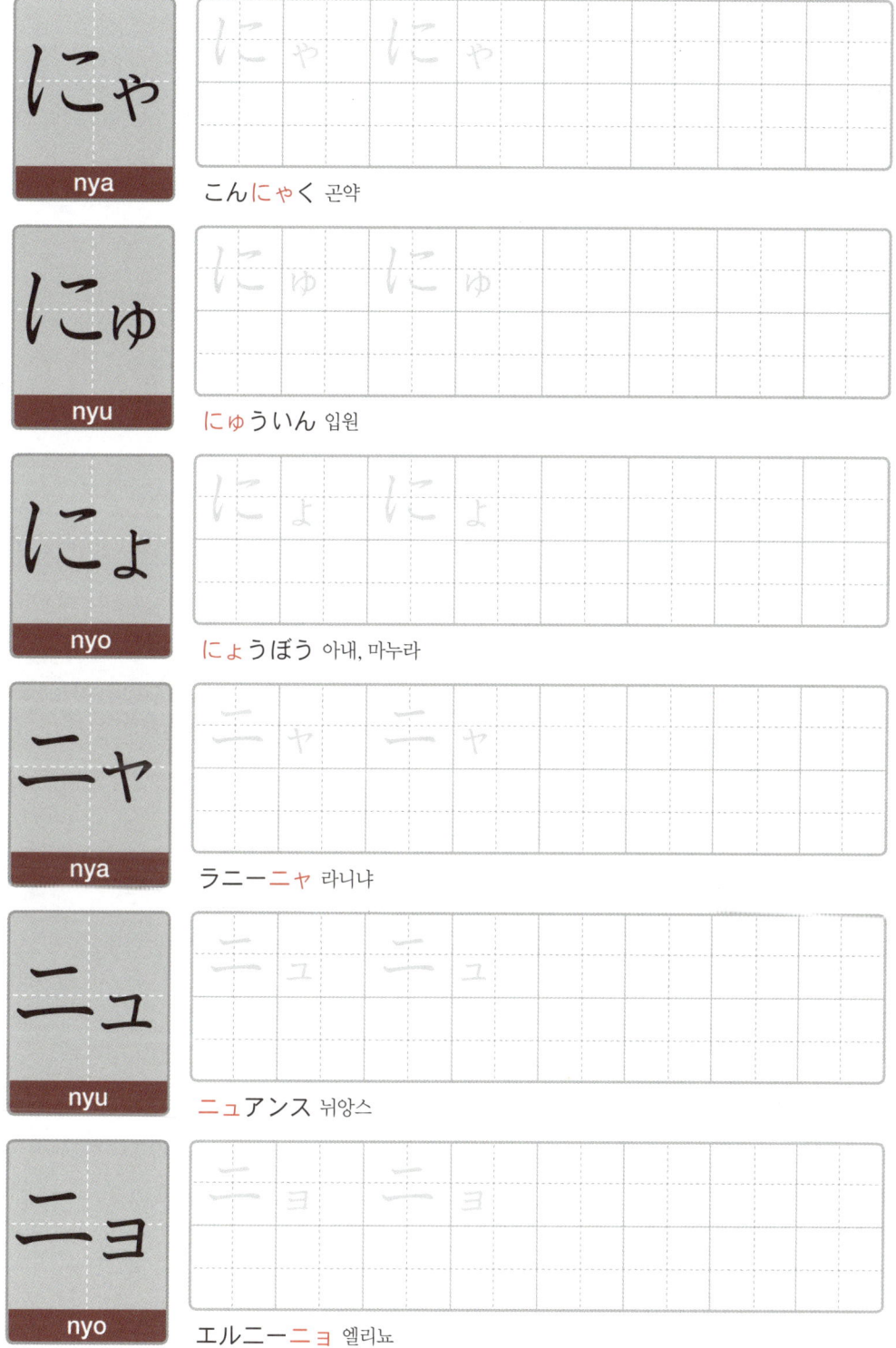

요음 は행

ひゃく 백(100)

ひゅうひゅう 바람이 심하게 부는 소리

ひょう 표

ヒューストン 휴스턴

요음 ば 행

びゃ bya
さんびゃく 삼백(300)

びゅ byu
びゅんびゅん 기세 좋게 움직이는 모양

びょ byo
びょういん 병원

ビャ bya

ビュ byu
ビューティー 뷰티, 아름다움

ビョ byo

요음 ぱ 행

ぴゃ pya	はっぴゃく 팔백(800)
ぴゅ pyu	ぴゅうぴゅう 바람이 날카롭게 부는 모양
ぴょ pyo	ぴょんぴょん 깡충깡충
ピャ pya	
ピュ pyu	コンピュータ 컴퓨터
ピョ pyo	

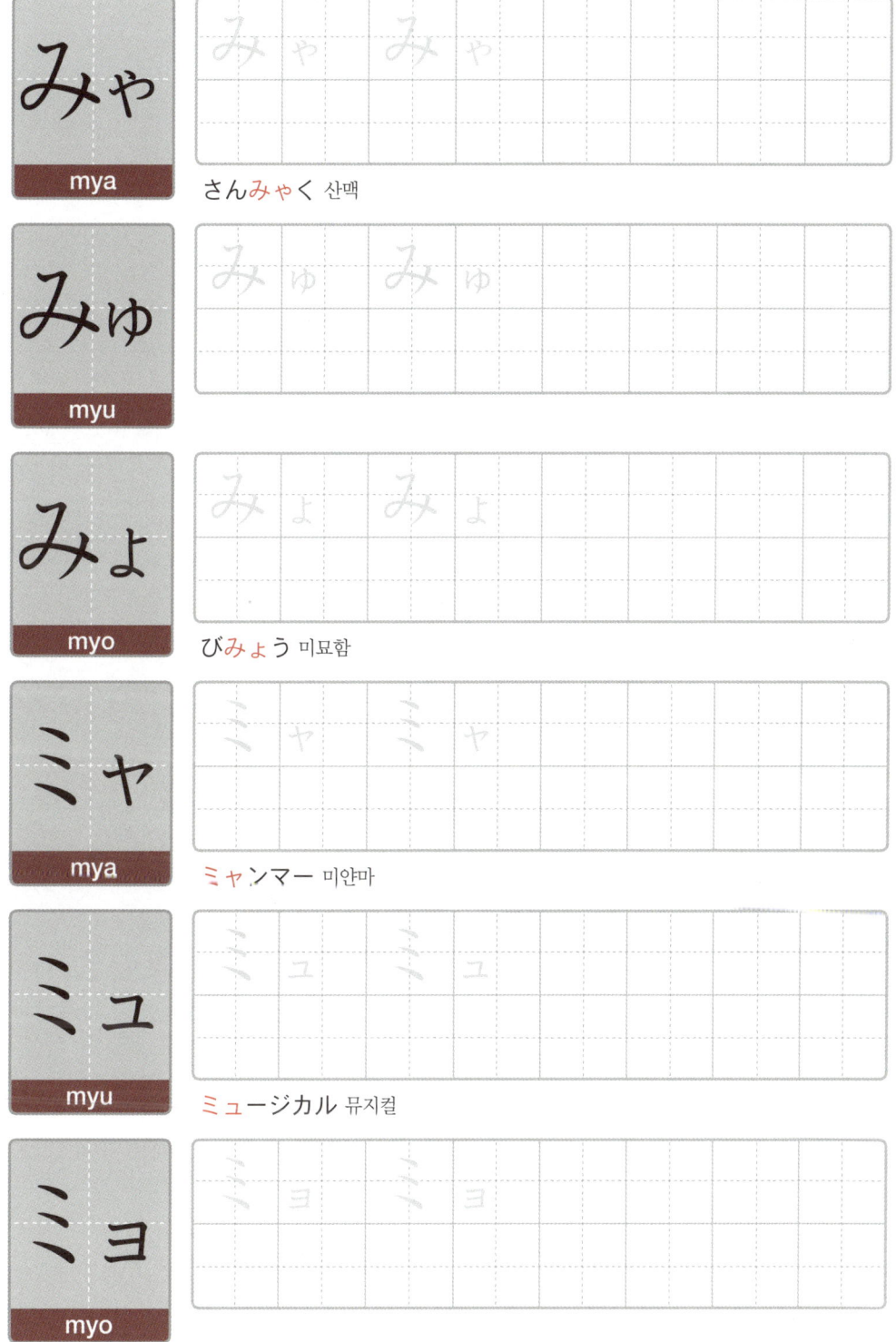

요음 ら행

りゃ rya — しょうりゃく 생략

りゅ ryu — りゅうがく 유학

りょ ryo — りょこう 여행

リャ rya

リュ ryu — リュック(サック) 배낭

リョ ryo

헷갈리기 쉬운 글자

| あ |
| お |
| い |
| り |
| え |
| ふ |
| し |
| も |
| た |
| な |
| は |
| ほ |

ぬ						
め						
る						
ろ						
き						
さ						
ち						
つ						
う						
ら						
ね						
れ						
わ						

헷갈리기 쉬운 글자

ア	
マ	
オ	
ナ	
シ	
ツ	
ソ	
ン	
チ	
テ	
ヤ	
マ	

헷갈리기 쉬운 글자

ウ

ク

タ

コ

ユ

ヨ

フ

ヌ

ス

フ

ワ

ヲ

뜻이 달라지는 단어

촉음

| スパイ 스파이 |
| すっぱい 시다 |
| おと 소리 |
| おっと 남편 |
| せたい 세대, 가구 |
| せったい 접대 |
| まち 동네, 도시 |
| マッチ 성냥 |
| まくら 베개 |
| まっくら 깜깜함 |
| ねこ 고양이 |
| ねっこ 뿌리 |

요음과 장음

びょういん 병원					
びよういん 미용실					
きやく 규약					
きゃく 손님					
りゆう 이유					
りゅう 용					
ひよう 비용					
ひょう 표					
ちず 지도					
チーズ 치즈					
ビル 빌딩					
ビール 맥주					

MEMO

2. ① きたない
   ② さくら
   ③ かるい
   ④ いちにちじゅう
   ⑤ どようび
   ⑥ だいじゅう
   ⑦ くすり
   ⑧ たいふう
   ⑨ かんどうてき

3. ① あついかったです。
   ② 少し 難しかったです。
   ③ とても 忙しかったです。
   ④ とても よかったです。

4. ① いいえ、寒く ありませんでした。
   ② いいえ、広く ありませんでした。
   ③ いいえ、あまり 高く ありませんでした。
   ④ いいえ、あまり 多く ありませんでした。

⑨ ジャケット

9 日本語（にほんご）が 難（むずか）しくて 大変（たいへん）です

1. ① 難（むずか）しい
② かっこいい
③ 複雑（ふくざつ）
④ 苦手（にがて）
⑤ 少（すく）ない
⑥ 少（すこ）し
⑦ 大事（だいじ）
⑧ 全然（ぜんぜん）く
⑨ ちゃん

2. ① しょうがつ
② きのう
③ ぼうえき
④ せんしゅ
⑤ きねんび
⑥ こども
⑦ ドラマ
⑧ 公園（こうえん）
⑨ 朱（あか）

3. ① 安（やす）くて、おいしいです。
② ナイフが よく 切（き）れます。
③ 静（しず）かで、便利（べんり）です。
④ 重（おも）いですが、簡単（かんたん）で、安（やす）いです。

4. ① 少（すこ）し 甘（あま）いですが、おいしいです。
② 人（ひと）が 少（すこ）し 多（おお）いですが、静（しず）かです。
③ 田舎（いなか）ですが、とても 寒（さむ）いです。
④ 大変（たいへん）ですが、とても おもしろいです。

10 ビールも 料理（りょうり）も おいしかったです

1. ① 授業（じゅぎょう）
② 花見（はなみ）
③ 散歩（さんぽ）
④ 天気（てんき）
⑤ 晴（は）れ
⑥ 本気（ほんき）
⑦ つまらない
⑧ ビール

2. ① じゅぎょう
② はなみ
③ にちようび
④ てんきよほう
⑤ どりょく
⑥ びょうき
⑦ けっこん
⑧ こし
⑨ あめ

3. ① 4月6日です。
② 5月14日です。
③ 9月20日です。
④ 11月9日です。

4. ① いいえ、にぎやかでは ありませんでした。
② いいえ、たくさん ありませんでした。
③ いいえ、あまり 細（こま）かくは ありません でした。
④ いいえ、あまり 遠（とお）くは ありませんで した。

7 引っ越し、大変ですね

1. ① 飲み物
   ② 有名だ
   ③ 体
   ④ 買い物
   ⑤ 大好きだ
   ⑥ 引っ越し
   ⑦ パソコン
   ⑧ にんじん
   ⑨ お店

2. ① くだもの
   ② やちゅう
   ③ ゆうめい
   ④ しゅくしゃ

   ⑦ けいたいでんわ
   ⑧ うんどう
   ⑨ しゅみ

3. ① ホタテと パンチャが いいです。
   ② チーズケーキと チョコレートケーキが いいです。
   ③ この 夏と あの 季節が いいです。
   ④ 赤い かばんと 白い かばんが いいです。

4. ① 2つで 4,300円です。
   ② 3つで 18,900円です。
   ③ 全部で 400円です。
   ④ 全部で 2,300円です。

8 あゆ、ぼくて きれい!

1. ① 朴
   ② 店員
   ③ 広い
   ④ 安い
   ⑤ スーツケース
   ⑥ カーテン
   ⑦ 必要だ
   ⑧ バス停
   ⑨ コンビニエンスストア

2. ① へや
   ② うけつけ
   ③ あたらしい

   ⑤ しょうてつがい
   ⑥ べんりだ
   ⑦ にもつ
   ⑧ じょうぶだ
   ⑨ ベッド

3. ① 静かな 人です。
   ② ハンサムな 人です。
   ③ きれいな 人です。
   ④ とても 親切な 人です。

4. ① いいえ、派手では ありません。
   ② いいえ、有名では ありません。
   ③ いいえ、あまり 簡単では ありません。
   ④ いいえ、あまり にぎやかでは ありません。

5 この 自転車は どうですか

4. ① これは ジャムで、これは ゆず茶です。
   ② これは 私の 本で、これは 先生の 本です。
   ③ これは 山田さんの 財布で、これは 佐藤さんの 財布です。
   ④ これは 辛い ソースで、これは 甘い ソースです。

1. ① 歌手
   ② 選手
   ③ 会社員
   ④ テニス
   ⑤ 自転車
   ⑥ 春
   ⑦ 値段
   ⑧ 英語
   ⑨ 宿題

2. ① あかい
   ② しろい
   ③ くろい
   ④ あおい
   ⑤ ちいさい
   ⑥ すずしい
   ⑦ むずかしい
   ⑧ やすい
   ⑨ おもしろい

6 もう 一つ ください

1. ① 肉
   ② 塩
   ③ 一方
   ④ 円
   ⑤ 大人
   ⑥ おにぎり
   ⑦ ホットコーヒー
   ⑧ チキンバーガー
   ⑨ パーセント

2. ① だい
   ② ぜんぶ
   ③ おきゃくさん
   ④ おなじ
   ⑤ くうき
   ⑥ ぶんぼうぐ

3. ① いいえ、安く ありません。
   ② いいえ、重く ありません。
   ③ いいえ、甘く ありません。
   ④ いいえ、長く ありません。

4. ① タクシーが いいです。バスも いいですね。
   ② チーズケーキが いいです。チョコレートケーキも いいですね。
   ③ この 夏水が いいです。あの 夏水も いいですね。
   ④ 赤い かばんが いいです。白い かばんも いいですね。

3 これ、どうぞ

1. ① ネクタイ
   ② ハンカチ
   ③ ノート
   ④ ケーキ
   ⑤ コーヒー
   ⑥ チョコレート
   ⑦ ジャム
   ⑧ プレゼント
   ⑨ ボールペン

2. ① じしょ
   ② けしょうひん
   ③ はこ
   ④ おちゃ
   ⑤ まき
   ⑥ こうすい
   ⑦ とけい
   ⑧ きいろ
   ⑨ かさ

3. ① それは ジャムです。
   ② それは 日本の お茶です。
   ③ それは 私の 財布です。
   ④ それは 山田さんの 帽子です。

4. ① いいえ、これは ジャムでは ありません
   ゆず茶です。
   ② いいえ、これは ハンカチでは ありま
   せん、スカーフです。

4 いい におい

1. ① 今日
   ② 辛い
   ③ 甘い
   ④ あつい
   ⑤ トマト
   ⑥ サラダ
   ⑦ クリーム
   ⑧ ケーキ
   ⑨ スープ

2. ① まんねんひつ
   ② でんじゅうが
   ③ こうちゃ
   ④ たべもの
   ⑤ すし
   ⑥ あつ
   ⑦ にがい
   ⑧ こい
   ⑨ 茶

3. ① すっぱいです。
   ② 辛いです。
   ③ 少し 熱いです。
   ④ とても おいしいです。

정답 부록

1 はじめまして

1. ① あなた ② 名前 ③ ニューヨーク ④ 趣味 ⑤ 読書 ⑥ 韓国 ⑦ 日本 ⑧ サッカー ⑨ ショッピング
2. ① とうきょう ② すんすい ③ しゅみ ④ だいがく ⑤ やこう ⑥ えいがかんしょう ⑦ しゃしん ⑧ りょこう ⑨ りょうり
3. ① プサンです。② 東京です。③ 韓国大学です。④ 日本大学です。
4. ① ヤンさんです。② 教授です。③ 日本語です。④ 山田君です。

2 何時からですか

1. ① 電話 ② 時間 ③ 午前 ④ 午後 ⑤ 運動 ⑥ 夕方 ⑦ 学校 ⑧ 本 ⑨ 野球
2. ① よてい ② えいぎょう ③ ぼんごう ④ はんじ ⑤ やくん ⑥ じゅぎょう ⑦ あした ⑧ よじ ⑨ くじ
3. ① 山田さんの かばんです。② 木村の 本です。③ モンさんの 写真です。④ ケリさんの 電話番号です。
4. ① 3時から 4時までです。② 午後7時から 午後10時までです。③ 午前8時から 午前11時までです。④ 午後3時から 午後5時半までです。

3 い형용사의 과거 긍정 표현으로 질문에 대답해 봅시다.

Q あの 映画、どうでしたか。(재미있다)
A おもしろかったです。

① Q この お店、どうでしたか。(맛있다)
A

② Q 昨日の テスト、どうでしたか。(조금 어렵다)
A

③ Q 日曜日の アルバイト、どうでしたか。(매우 바쁘다)
A

④ Q 火曜日の 天気、どうでしたか。(매우 좋다)
A

4 い형용사의 과거 부정 표현으로 질문에 대답해 봅시다.

Q 昨日の ごコンは 楽しかったですか。(조시, 즐겁다)
A いいえ、あまり 楽しく ありませんでした。

① Q あの カレーは 辛かったですか。(맵다)
A

② Q ホテルの 部屋は 広かったですか。(넓다)
A

③ Q アェの コーヒーは 濃かったですか。(고다, 진하다)
A

④ Q 1月の ハワイは 寒かったですか。(고다, 춥다)
A

2 다음 일본어 단어를 뜻을 생각하면서 흐리기나로 써 봅시다.

① 暑い
→

② 桜
→

③ 合図
→

④ 一日中
→

⑤ 土曜日
→

⑥ 茶道
→

⑦ 香り
→

⑧ 台頭
→

⑨ 感動的だ
→

10 ビール 料理も おいしかったです
りょうり

1 다음 단어를 일본어로 써 봅시다.

① 요리
← _____

② 꽃구이
← _____

③ 시험
← _____

④ 날씨
← _____

⑤ 벚꽃
← _____

⑥ 정말
← _____

⑦ 재미있다
← _____

⑧ 맥주
← _____

⑨ 재미, 흥미
← _____

3 보기를 보고 답하시다.

Q そつぎょうしきは いつですか。(3/12)
A 3月 12日です。

① Q にゅうがくしきは いつですか。(4/6)
A

② Q ことしの ははの日は いつですか。(5/14)
A

③ Q けっこんきねん日は いつですか。(9/20)
A

④ Q やまだんさんの たんじょう日は いつですか。(11/9)
A

4 가장 알맞은 그기 표형으로 집문에 대답해 봅시다.

Q かりさんは げんきでしたか。(감기습니다)
A いいえ、げんきでは ありませんでした。

① Q こうえんは にぎやかでしたか。(한산合니다)
A

② Q かようは ひつようでしたか。(필요合니다)
A

③ Q おさけの 人は しんせつでしたか。(ユビ지, 친절合니다)
A

④ Q 日本語の じゅぎょうは ふくざつでしたか。(ユビ지, 이용合니다)
A

2 다음 일본어 단어를 생각하면서 히라가나로 써 봅시다.

① 正月 ←

② 拝日 ←

③ 入学式 ←

④ 卒業式 ←

⑤ 接引方 ←

⑥ 乘気 ←

⑦ 結婚 ←

⑧ 今年 ←

⑨ 相手 ←

9 日本語が 難しくて 大変でした
にほんご　むずかしく　たいへん

1 다음 단어를 읽고 써 봅시다.

① 아닙니다
←_____

② 맞지다
←_____

③ 식당
←_____

④ 산수
←_____

⑤ 기념일
←_____

⑥ 아들이, 아이
←_____

⑦ 눈가수
←_____

⑧ 운동
←_____

⑨ 남동생
←_____

3 い형용사와 な형용사의 종지형을 써서 질문에 대답해 봅시다.

Q 大学の キャンパスは どうですか。(넓다, 새롭다)
A 広くて、新しいです。

① Q あの お店は どうですか。(멋지, 있다)
A

② Q この スーツケースは どうですか。(디자인이 좋다, 가볍다)
A

③ Q 田中さんの 町の 中は どうですか。(조용하다, 편리하다)
A

④ Q 新しい スマートフォンは どうですか。(사용법이 간단하다, 싸다)
A

4 역접을 나타내는 종조사 「〜が」를 써서 질문에 대답해 봅시다.

Q この ケーキは 甘いですか。(조금 쓰다, 매우 맛있다)
A 少し 甘いですが、とても おいしいです。

① Q グムさんの 部屋は 狭いですか。(조금 좁다, 매우 깨끗하다)
A

② Q 図書館は 人が 多いですか。(사람이 조금 많다, 조용하다)
A

③ Q あの ストーブは 古いですか。(낡았다, 매우 싸다)
A

④ Q 日本語の 勉強は 大変ですか。(힘들다, 매우 재미있다)
A

2 다음 일본어 단어를 뜻을 생각하면서 소리내가면서 써 봅시다.

① 病気 ←

② 答え ←

③ 新しい ←

④ 種類 ←

⑤ 性格 ←

⑥ 会議室 ←

⑦ 冷蔵庫 ←

⑧ 洗濯機 ←

⑨ 赤貝 ←

8 かず、။くつ あるね！

1 다음 단어를 힌트어로 써 봅시다.

① 채소
←_____

② 감자
←_____

③ 당근
←_____

④ 쌀다, 자라오하다
←_____

⑤ 숏폰 케이크, 야채 가개
←_____

⑥ 가들
←_____

⑦ 팔양하다
←_____

⑧ 버스 정류장
←_____

⑨ 소미드문
←_____

3 가왼쪽사를 물어서 질문에 대답해 봅시다.

Q 鈴木さんは どんな 人ですか。(친절하다)
A まじめな 人です。

① Q 鈴木さんは どんな 人ですか。(조용하다)
A

② Q テモさんは どんな 人ですか。(성실하다)
A

③ Q 日本語の 先生は どんな 人ですか。(예쁘다)
A

④ Q サークルの 先輩は どんな 人ですか。(매우 잘생겼다)
A

4 가왼쪽사의 부정 표현으로 질문에 대답해 봅시다.

Q 勉強は 大変ですか。(힘들다)
A いいえ、大変では ありません。

① Q あの 洋服は 派手ですか。(화려하다)
A

② Q この お店は 有名ですか。(유명하다)
A

③ Q アプリの 使い方は 簡単ですか。(그다지, 간단하다)
A

④ Q あなたの 町は にぎやかですか。(그다지, 번화하다)
A

2 다음 한자어 단어를 쓴 음 생각하면서 흐리가나로 써 봅시다.

① 果物
→ _____

② 野球
→ _____

③ 雜誌
→ _____

④ 食堂
→ _____

⑤ 飛行機
→ _____

⑥ 建物
→ _____

⑦ 荷物
→ _____

⑧ 下手だ
→ _____

⑨ 上手だ
→ _____

7 引っ越し、大変ですね
ひっこし　たいへん

1 다음 단어를 일본어로 써 봅시다.

① 등산수, 마실 것
_____

② 유명하다
_____

③ 물
_____

④ 볼펜 사기, 소포
_____

⑤ 매우 좋아하다
_____

⑥ 의사
_____

⑦ 알맞기다
_____

⑧ 담근
_____

⑨ 가게
_____

3 명사에 명사 사이에 「~と」를 넣어서 질문에 대답해 써 봅시다.

> Q コンビニは 何が いいですか。(치즈 케이크, 커피)
> A 財布と かばんが いいです。

① Q お土産は 何が いいですか。(바디오일, 향수)
A

② Q デザートは 何が いいですか。(치즈 케이크, 초콜릿 케이크)
A

③ Q どの 野菜が いいですか。(이 호박, 저 호박)
A

④ Q どの かばんが いいですか。(빨간 가방, 흰색 가방)
A

4 「~で」를 넣어서 질문에 대답해 봅시다. 숫자는 모두 히라가나로 써 봅시다.

> Q この みかんは いくらですか。(6개 500円)
> A 6つで 500円です。

① Q この メロンは いくらですか。(2개 4,300円)
A

② Q この ブローチは いくらですか。(3개 18,900円)
A

③ Q コーラと チキンバーガーを ください。(합계 400円)
A

④ Q みかん 2つと メロン 1つ ください。(합계 2,300円)
A

2 다음 일본어 단어를 뜻을 생각하면서 히라가나로 써 봅시다.

① 春

→

② 手紙

→

③ お풍呂さん

→

④ 同じ

→

⑤ 空気

→

⑥ 文学部

→

⑦ 経済学部

→

⑧ 売り切れ

→

⑨ 演劇

→

9 <낱말>

2장

1 다음 단어를 한국어로 써 봅시다.

① 100 _____

② 1,000 _____

③ 10,000 _____

④ 역 _____

⑤ 사람 _____

⑥ 놀랍다 _____

⑦ 따뜻한 커피 _____

⑧ 추가 배기 _____

⑨ 파시드 _____

3. 「~ ありません」을 통해서 질문에 대답해 봅시다.

Q その カレーは 辛いですか。(아니요)
A いいえ、辛く ありません。

① この 自転車は 安いですか。(아니요)
A

② あなたの かばんは 重いですか。(아니요)
A

③ 学校の 宿題は 多いですか。(아니요, 조금)
A

④ 先生の 髪は 長いですか。(아니요, 조금)
A

4. 「~が いいです・~が いいですか」를 통해서 질문에 대답해 봅시다.

Q プレゼントは 何が いいですか。(지갑, 가방)
A 財布が いいです。かばんも いいです。

① お土産は 何が いいですか。(과자, 초콜릿)
A

② デザートは 何が いいですか。(치즈 케이크, 초콜릿 케이크)
A

③ この 香水が いいですか。(이것, 저것)
A

④ どの かばんが いいですか。(빨간 가방, 흰색 가방)
A

16

2 다음 일본어 단어를 뜻을 생각하면서 ひらがな로 써 봅시다.

① 赤い →

② 白い →

③ 黒い →

④ 多い →

⑤ 少ない →

⑥ 長い →

⑦ 短い →

⑧ 安い →

⑨ 高い →

5 この 自転車は どうですか

じてんしゃ

1 다음 단어를 한국어로 써 봅시다.

① 홍색 ←

② 가수 ←

③ 회사원 ←

④ 기차 ←

⑤ 자전거 ←

⑥ 색 ←

⑦ 가게 ←

⑧ 영어 ←

⑨ 숙제 ←

3 다음용사의 활용 표현으로 질문에 대답해 봅시다.

Q パスタ、どうですか。(맛있다)
A おいしいです。

① Q サラダ、どうですか。(시다)
A

② Q カレー、どうですか。(맵다)
A

③ Q コーヒーの 味は どうですか。(쓰고 달다)
A

④ Q 学校の 食堂は どうですか。(매우 싱겁다)
A

4 「~で」를 붙여서 질문에 대답해 봅시다.

Q これは 何ですか。(노트, 잡지)
A これは ノートで、これは 雑誌です。

① Q これは 何ですか。(책, 우산)
A

② Q これは 何ですか。(거울, 사전)
A

③ Q これは 何ですか。(아이디 씨, 사토 씨)
A

④ Q これは 何ですか。(매우 싸요, 더 쌈)
A

2 다음 일본어 단어를 쓰고 생각하면서 히라가나로 써 봅시다.

① 万年筆 →

② 誕生日 →

③ 紅茶 →

④ 食べ物 →

⑤ 少し →

⑥ 咲 →

⑦ 苦い →

⑧ 薄い →

⑨ 涙 →

4 いい に あい

1 다음 단어를 읽으면서 써 봅시다.

① 오늘
→ _____

② 밤나 → _____

③ 달다
→ _____

④ 피었다
→ _____

⑤ 토마토
→ _____

⑥ 발자리
→ _____

⑦ 크림
→ _____

⑧ 3마리
→ _____

⑨ 시표
→ _____

3 질문에 대답해 봅시다.

Q これは 何ですか。(농구)
A それは ボールペンです。

① Q これは 何ですか。(책)
A

② Q これは 何ですか。(일본어 사전)
A

③ Q これは 何ですか。(내 지갑)
A

④ Q これは 何ですか。(여동생 사진)
A

4 「~では ありません」 등을 응용하여 질문에 대답해 봅시다.

Q それは ノートですか。(잡지)
A いいえ、これは ノートでは ありません、雑誌です。

① Q それは ジュースですか。(우자차)
A

② Q それは ハンカチですか。(스카프)
A

③ Q それは 韓国の お茶ですか。(일본의 차)
A

④ Q それは あなたの 本ですか。(선생님의 책)
A

2 다음 읽듯이 단어를 뜻을 생각하면서 한자어를 써 봅시다.

① 接著 →

② 化粧品 →

③ 靴 →

④ お茶 →

⑤ 雑誌 →

⑥ 香水 →

⑦ 時計 →

⑧ 財布 →

⑨ 私 →

3 これ、どうぞ

1 다음 단어를 일본어로 써 봅시다.

① 넥타이
→ _____

② 손수건
→ _____

③ 노트
→ _____

④ 케이크
→ _____

⑤ 커피
→ _____

⑥ 초콜릿
→ _____

⑦ 꽃
→ _____

⑧ 인형
→ _____

⑨ 물건
→ _____

3 예시와 같이 인칭대명사 조사「の」를 붙여서 질문에 대답해 봅시다.

Q これは だれの かばんですか。(다나카 씨)
A 田中さんの かばんです。
　　たなか

① Q これは だれの かばんですか。(어머니 씨)
A

② Q これは だれの 本ですか。(友だち)
　　　　　　　　ほん　　　　ともだち
A

③ Q これは だれの 辞書ですか。(저의 씨)
　　　　　　　　じしょ
A

④ Q これは だれの 電話番号ですか。(새의 씨)
　　　　　　　　でんわばんごう
A

4 「〜から〜まで」를 붙여서 질문에 대답해 봅시다.

Q 授業は 何時から 何時までですか。(10시, 11시)
　じゅぎょう　なんじ　　　なんじ
A 10時から 11時までです。
　　じ　　　　じ

① Q 授業は 何時から 何時までですか。(3시, 4시)
　　じゅぎょう　なんじ　　　なんじ
A

② Q 飲み会は 何時から 何時までですか。(오후 7시, 오후 10시)
　　の　かい　なんじ　　　なんじ
A

③ Q アルバイトは 何時から 何時までですか。(오전 8시, 오후 11시)
　　　　　　　　　なんじ　　　なんじ
A

④ Q 映画は 何時から 何時までですか。(오후 3시, 오후 5시 반)
　　えいが　なんじ　　　なんじ
A

2 다음 일본어 단어를 쓰임에 맞게 생각하면서 익히거나로 써 봅시다.

① 予定
←

② 宿題
←

③ 乗car
←

④ 何時
←

⑤ 終わり
←

⑥ 授業
←

⑦ 明日
←

⑧ 四時
←

⑨ 7時
←

2 何曜日ですか

1 다음 단어를 일본어로 써 봅시다.

① 저녁
→ _____

② 시간
→ _____

③ 오후
→ _____

④ 오전
→ _____

⑤ 운동
→ _____

⑥ 저녁 식사
→ _____

⑦ 학교
→ _____

⑧ 밤
→ _____

⑨ 휴식
→ _____

3 「~です」를 듣고 아서 질문에 대답해 봅시다.

> Q 出身は どこですか。(사울)
> A ソウルです。

① Q 出身は どこですか。(부산)
A
② Q 出身は どこですか。(도쿄)
A
③ Q 大学は どこですか。(한국대학)
A
④ Q 大学は どこですか。(일본대학)
A

4 「~です」를 듣고 아서 질문에 대답해 봅시다.

> Q 趣味は 何ですか。(요가)
> A ヨガです。

① Q 趣味は 何ですか。(드라마)
A
② Q 趣味は 何ですか。(요리)
A
③ Q 専攻は 何ですか。(경영)
A
④ Q 名前は 何ですか。(여러분 이름)
A

2 다음 한자어 단어를 쓰세요. 생각하면서 히라가나로 써 봅시다.

① 東京 →

② 先生 →

③ 出身 →

④ 大学 →

⑤ 専攻 →

⑥ 映画鑑賞 →

⑦ 写真 →

⑧ 旅行 →

⑨ 料理 →

1 はじめまして

1 다음 단어를 한글아로 써 둡시다.

① 담시
→ _____

② 이름
→ _____

③ 눈웃
→ _____

④ 춤미
→ _____

⑤ 독서
→ _____

⑥ 돈국
→ _____

⑦ 일문
→ _____

⑧ 출구
→ _____

⑨ 수업
→ _____

웅크리다

울분이 서사다

울분이 마서트를 삼분 웅크리다

1

일본의 아동놀이 1

박미경, 최홍열, 김영순, 사카모토 사야카, 미야타 후유코 공저

다락원

일본 아이들을 만나는 마당

□ 다락원